LEADING WITH CHARACTER
AND
COMPETENCE

Moving Beyond Title, Position
and Authority

追 随

让下属心甘情愿跟着你的秘密

[美] 蒂莫西·R. 克拉克（Timothy R. Clark）◎著

郑纪愿◎译

百花洲文艺出版社

BAIHUAZHOU LITERATURE AND ART PRESS

图书在版编目（CIP）数据

追随：让下属心甘情愿跟着你的秘密 /（美）蒂莫西·R. 克拉克著；郑纪愿译 . — 南昌：百花洲文
艺出版社，2017.9（2018.4 重印）
ISBN 978-7-5500-2294-2

Ⅰ .①追… Ⅱ .①蒂… ②郑… Ⅲ .①领导艺术 Ⅳ .① C933.22

中国版本图书馆 CIP 数据核字（2017）第 143201 号

江西省版权局著作权合同登记号：14-2017-0321

追随：让下属心甘情愿跟着你的秘密
ZHUISUI: RANG XIASHU XINGANQINGYUAN
GENZHE NI DE MIMI

作　　者	［美］蒂莫西·R. 克拉克
译　　者	郑纪愿
责任编辑	余丽丽
出版发行	百花洲文艺出版社
社　　址	南昌市红谷滩新区世贸路 898 号博能中心 I 期 A 座 20 楼
邮　　编	330038
经　　销	全国新华书店
印　　刷	天津盛辉印刷有限公司
开　　本	700mm×1000mm　1/16　印张 14.5
版　　次	2017 年 9 月第 1 版
印　　次	2018 年 4 月第 2 次印刷
字　　数	200 千字
书　　号	ISBN 978-7-5500-2294-2
定　　价	49.80 元

赣版权登字　05-2017-231
邮购联系　0791-86895108
网　　址　http://www.bhzwy.com
图书若有印装错误，影响阅读，可向承印厂联系调换。

献给特蕾西

序言　领导力无关头衔、职位和权威

当你照镜子时，你看到的是一位领导者吗？

我希望如此。如果你能看到自身的广阔前景，结果肯定会令你震惊。

对于大多数人，我相信他们都看不到自身蕴藏的领导潜力，我写这本书的目的，就是要使人们意识到这一点。如果要使之发挥出来，你就必须摒除"领导力是关乎头衔、职位和权威"的错误观念，这些只是世俗的产物。头衔、职位和权威本身有一定意义，但是成为更好的领导者这一过程，却与之无关。它关乎提升你的思想境界、坚定你的信念，以及往更高层次迈进所需做出的行动；关乎你深刻的自省，以及对与生俱来的想改变世界的愿望的自我发现；更关乎被领导者是否发自内心的追随你。遗憾的是，当今社会的道德迷雾和物质主义干扰了我们，让我们有可能以错误的标准，来衡量领导力。所以，对这些错误观念正本清源，势在必行！

不管你是谁，不论你来自何方，也不管你意欲何为，如果想提升你的领导力你都必须在两件事上打好坚实的基础——修养和能力。这是一条普遍真理。领导力与遵守原则相关，你要么遵循原则，要么与之决裂，原则本身不会妥协。

伟大的领导者，都是通过修行自身形成的。首先从修养开始，有关修养的四大基石分别是：正直，谦逊，责任和勇气。然后是能力，有关能力的四大基石分别是：学习，变革，判断和远见。

领导力的修习并非易事，怎么可能会容易呢？它是世界上最重要的应用型学科。获得它需要一定的代价，需要你一以贯之的、严格执行的、高度审慎的努力。在此过程中，你有可能会犯错，你的弱点也会暴露无遗。但是，如果你下定决心，你的进步将大大加快，你的领导风格将会更专注于正激励而非苛责，更侧重于赞美而非迫使。你将真正改变人们的生活，并且为他们留下长存于世的遗产。

这，就是领导力的史诗故事！

引言　最佳领导力，就是让人主动来追随

> 头衔皆为暗影，王冠只是虚无。
>
> ——引自《真正英国人》（1701 年版），
> 作者丹尼尔·迪福（1660—1731），
> 英国商人，作家，记者及间谍。

领导力是一个充满着荒谬理论的主题。

长久以来，我们都在颂扬谬论，破除一个迷信又陷入另一个迷信。我们被所谓的潮流和时尚蛊惑，我们改变自身的"信仰和想法，以顺应时势"[1]。从简单的观念来看，我们创造了工业神话，改变了陈旧的艺术形式，制作出了富于智能的人类工具。但是，我们把领导力想得过于复杂，许多情况下，我们所创设的理论，也具有危险的误导性。想想以下这些观点吧：

领导力关乎魅力。如果你具有个人吸引力，个性鲜明，你就是领导者。

领导力关乎口才。如果你具有丘吉尔式的表达能力，你就是领导者。

领导力关乎权势。如果你是位 CEO 或者得过勋章的将军，你就是领导者。

领导力关乎资历。如果你比其他人都年长，你就是领导者。

领导力关乎等级。如果你的工作内容都是重大议题，你就是领导者。

领导力关乎人气。 如果每个人都喜欢你，你就是领导者。

领导力关乎声望。 如果你声名远播，你就是领导者。

领导力关乎胜利。 如果你打败了对手，你就是领导者。

领导力关乎财富。 如果你很有钱，你就是领导者。

领导力关乎教育。 如果你有很高的学历和文凭，你就是领导者。

我认识的许多人，都具有以上特点，但却不是领导者，也知道许多并不具有以上特点而担当领导的人。这些观点代表了不好的哲学见解，正如 C.S. 莱维斯所说："面对坏的哲学，我们需要回应。"[2]

如果不加以回应，人们就会狐疑满腹，灰心丧气。我并不是说这些特点无关领导力，它们的确都指向了成为领导者的可能性，但并不能说具有了这些特点就一定能成为领导者。坦白来说，现在大部分人还未完全摆脱这些具有诱惑力的错误观念。

领导力的本质

究竟什么才是我们称之为"领导力"概念的核心呢？著名小说家和诺贝尔奖获得者托马斯·曼写道："了解规则和简化程序是掌握一门学科的第一步。"[3]

我曾经向世界上成千上万的人问过这个简单的问题："你认为哪个词最能够解释'领导力'这个概念？"现在，请先忽略其他观点，让我来告诉你答案吧。领导力并不是一个虚无缥缈的概念，它并非你想象的那样脱离实际。

它所阐释的是一种简单而又深奥的事情：影响力。

是的，领导力的本质就是影响力。

但领导力并非只是影响力的某种单纯形式，领导力也并不能通过威权来实现，要实现它，你必须心存正念，提升和优化自我。同时，领导力的影响不在于团队的大小和跟随者的多寡，影响一个人和影响许多人一样有价值。

举例来说，我在某一天撞上了一辆车，当时它正从停车场开出，相撞的责任在我。但接下去发生的事情令我震惊，被我撞上的那位车主，极其镇定也极为友善。我猛烈地撞上了他的雷克萨斯车，毁了他的假日，而他却给我做了一个很好的关于耐心和镇静的示范。这是一次简单的个人经历，却又是一次很棒的关于影响力的表现和领导力的实践。

怎样提升领导力？如何激发影响力？在此不需过多揭示。其提升机制主要是模仿与实践，即通过生活实际而习得经验技能。心理学家阿尔伯特·班杜拉提出以下原则："大多数人类行为能够通过观察模仿而习得。通过观察别人，个人脑中形成关于动作如何实施的组合印象，在以后的情境中，该动作印象形成的编码信息就充当了他的行动指南。"[4]

人是社会性动物，彼此之间在连续地，不间断地相互作用。你不可能一觉醒来说："今天我不想影响别人。"如果你与别人接触，你就是在影响他们；同时，他们也在影响你。甚至你不在场时，也能影响别人。

对于影响，问题在于你怎样施加影响，何时终止影响。其实，影响的事实从未改变，但产生影响的环境却始终在变化，我们所能施加影响的场合也越来越透明。安德鲁·里维利斯，陶氏化学公司的CEO评论说："如今，包括法官、陪审团、媒体等——所有你做的事情都会被审查。你说的每句话，去的每个地方，做过的每件事以及怎样做事，都无一例外。"[5]

参考影响范围图示（参见图 I.1）。在图的一端是"控制力"。通过控制力实施影响，在于采用骗局的方式获得优势。有的控制力温和而友善，就像母亲用勺子将苹果酱涂在胡萝卜泥上喂孩子一样。有的控制力还具有掠夺性和破坏性，就像借贷公司诱骗工薪阶层接受骗局式高利贷合同，从而使他们陷入循环债务的陷阱。

图 I.1　影响范围图示

控制力	说服力	强制力

在图的另一端是"强制力"。施加强制力者用压力使别人服从，用武力强制达到目的。我曾见过一位足球教练，他的行为很好地体现了这里的"强制力"。具有讽刺意味的是，他会使用尖叫、贬损，以及侮辱性语言作为主要手段来激发队员取得好成绩。

控制力作用的方式较微妙，而强制力的方式较粗野。有个原则是：如果你试图通过控制或强制的方式影响别人，你就等于放弃了产生影响的正规方式。那样，你就不再是"领导"别人了。

图示中间是"说服力"，这才是领导力的真正范畴。

如果你的诡计（控制力）和强权（强制力）都不奏效了，那还有别的办法吗？当然有，答案就是基于修养和能力而产生的说服力。因为修养的存在，你让别人信任你去开展工作；因为能力的存在，你使别人相信你懂得如何工作。一个伟大的领导者，能够通过修养和能力相结合的共同信誉来施加影响——没有欺骗，没有恐吓，没有惧怕，没有威胁，也没有背叛。你的修养让人信任，你的能力让人推崇，你就能很容易地俘获被领导者的"人心"，从精神和心理层次上让他们信服，他们也就会自然而然地追随你，这样你的领导力就完美地体现了出来。领导力最好的体现方式，就是被领导者发自内心的追随。

30 年前，我在韩国做过传教士。我的第一个任务是去江原道的乡下，给一位经验丰富的当地教士当学徒，他名叫苏襄植。当我们两个来自东西方不同背景的人走到一起时，许多场景变得很有趣。我身高接近 2 米，他 1.6 米多；我不会说韩语，他不懂英文。就这样，我们开始了合作，一起早出晚归地工作。他帮我熟悉语言，教我使用筷子以免挨饿，教我计划、安排和实施人道主义援助项目，也教我如何教导和服务他人。直到今天，他仍不失为我最重要的导师之一。他是如何做到这些的？他并没有使用他的控制力和强制力，也没有强迫我，而是运用了他基于修养和能力相结合所产生的单纯而强大的说服力。

人们能够很快理解别人的影响模式，如果你有了一位新的老板、教练、老师或者朋友，首先你会仔细观察对方，了解他对你产生影响的模式，然后根据自己的所见来进行预测分析。从直觉上来说，你会遵循信任等同原则来做出反应。如果你看到别人以控制力或强制力模式来对待你，你会自然地退却，倾向于处理风险，以进行自我保护和避免伤痛。相反，如果对方采用说服力模式，提升了你的心理安全感，你就会以信任、承诺来回应，以更加无条件的努力来作为回报。因为你不相信权力，你认同信任的力量。

领导力可通过修习而获得

现在来看一下这个让人压抑的概念：领导力关乎头衔、职位和权威。头衔、职位和权威，所有这些其实只是附属品。纵观当今世界，我们选举总统，任命 CEO，世界上 40 多个国家和地区还会加冕国王和王后。但没有任何地方会说"加冕"领导者，事实上也没有这个说法。披上"领导人"的外衣并不能使你成为真正的"领导者"。这些虽是权力明显可见的证据，但请不要把这误认为是领导力的体现。正式的权力授予仪式并不能使你成为领导者，穿上一件黑色毛衣①，也不一定能成为科技公司的 CEO。等级只暗示了你成为领导者的可能性，仅此而已。

我见过数十位个体工作者，他们确信自己不是领导者，因为他们没有获得相应的地位。我也见过数十位管理者，他们认为自己是领导者，因为他们具有某种社会地位。其实，这两种想法都是大错特错的。

当今各类组织在巨大的发展压力下，可能会变得扁平、精简，更加具有

---

① 苹果公司前 CEO 史蒂夫·乔布斯长年身着黑色高领毛衣——译者注。

竞争性。他们要求不同阶层的员工向上发展成为领导者——做不同阶层，不同职位以及不同角色的领导。但是，仍有许多员工没有头衔，没有职务，也没有权威。但这都不要紧，全力发展自己修养和能力的领导者，会不断加强其施加的影响力，不论他们的角色是什么。在商业机构、政府、学校和家庭里面，他们都成了组织的效应加成器[①]。他们为组织创造更多的价值，为他人创造更多的成功，也为自己创造了更多机会。

领导力是一门应用学科，而非虚幻概念。实际上，它是世界上最重要的应用学科。它在任何一项决定和任一种结果中都发挥着作用。在每种人类集体中——包括家庭、四年级教室、跨国公司、歌舞剧院、创业公司以及僧众团体，都会涉及领导力的表现。同时，真正的领导力总是会追溯到可靠性基础上的影响力，这种影响力则是由修养和能力塑造的。

领导力是众所周知的最使人着迷、最催人奋进也最令人满意的人类活动。

通过领导力，我们拥有更多机会去追求进步，战胜挫折，改变生活和造福万物。

领导力的美妙之处在于，每个人都能够追求并获得它。如果你愿意学习、工作以及改变自己，那么，领导力就是触手可及的。领导力研究专家沃伦·贝尼斯和博特·纳努斯写道："事实上，关于领导力的主要能力和才干都可以习得……不管担当领导力角色需要何种先天条件，它们都是能够通过后天条

---

① 有德行和能力的领导者会使组织的业绩成倍增加——译者注。

件来提高的。"[6]

卓越领导力的两大基石

想要成为更优秀的领导者，你需要修养和能力并举——修养产生积极作用，能力形成有效影响。两者相辅相成，拥有其一并不代表不需要另一项，也无法弥补另一项的缺失。领导者并不能单独依靠修养或能力做出决定，而是必须同时考虑它们。这两项领域互有重叠，又各有专属：就像心脏和大脑，动机和技能，意图和技术，道德力量和智力引擎等的相互关系一样。

举例来说，判断力是正直和学识的结合；生产力是纪律和技能的结合；协作是谦逊和交流的结合……修养需要能力，能力也需要修养。修养是内核，能力是外在，它们共同代表了领导力的最小组成单元（参见图I.2）。

图I.2　修养内核和能力外在

修养内核

能力外在

修养表示"你是谁"和"你代表什么"这一事实，它是衡量你的道德品行的基本准则，也决定了在何种程度上你能遵从自己的内心，根据个人价值观和强加于自身的道德信条来行动。威廉·华兹华斯将个性领导者描述为：

他崇高的努力，源于真实的内心；

因崇高的努力，他前途一片光明。[7]

修养内核与奇技淫巧、魅力艺术、策略使用等毫不相关，也与其他技术和专业要素并无联系。技能、知识和经验，都属于能力范畴。亚伯拉罕·林肯曾说过："修养就像是一棵树，声誉就像它的影子。影子只是我们对它的看法，但树本身才是真实存在的事物。"

当我们谈到修养，我们其实是在谈论未加修饰的原本事实，关于你怎样思考和行动，以及你怎样看待自己、对待他人，这些都是你内心世界的真实反映。

设想一下那些声名卓著的领导者，当他们由于缺乏能力，而致使其形象一落千丈时，会是什么情景。当领导者的表现严重下滑时，这种下滑是由内而外的。它实际上是修养的垮塌，是内在核心的崩溃。你是愿意与一位有领袖气质的领导者共赴战场，还是与一位沉闷的强硬领导者？英国政治家托马斯·麦考利曾经说过："供职于国会并不使我高兴，真正使我高兴的是，无论我在不在国会里面，我都能够掌控自己的意识，做正确的事情。"[8]

这就是一位有修养的人物。

古往今来的学者们都认为，领导者应该诚实可靠，道德高尚，社会发展也有赖于此。这就是领导力成为最重要的应用型学科的原因。同时，成为一位好的领导者，也值得用一生的时间来践行。这一过程没有捷径，没有公式，要想成为伟大的领导者，你就必须诚实劳作——在社交上，情感上，智力上和道德上都要投入。

领导者的四象限

根据领导力的"修养+能力"构想，我们总结出四类领导者。但这都不涉及他们的头衔、职位和权威，而侧重描述他们的感受、思考和行为。如果你环顾四周，你将会发现这四种类型的领导者比比皆是（参见图 I.3）。

图 I.3　领导者的四种类型

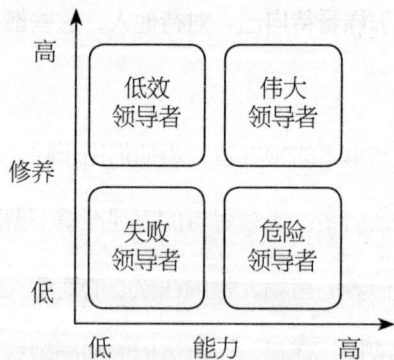

	高	低效 领导者	伟大 领导者
修养			
	低	失败 领导者	危险 领导者
		低　　能力　　高	

伟大领导者（高修养值+高能力值）　如果你的两项表现都很好，你就有机会展现真正的领导力——你可以运用你的影响力，促使周围的人做出积极和实质性的改变，这也是你的目标所在。强大的修养和能力表现，能使你在深度和宽度上更像一位领导者，这更有利于达成你的目标。

具体来说，高修养值会使你远离人性中的弱点，它可以让你避免过度的矫揉造作、强烈的嫉妒心和对权力的过分热衷。拥有强大的修养和能力，你就拥有了成就事业的可能。这类领导者社会上十分缺乏，当然也极其需要。

低效领导者（高修养值 + 低能力值） 低效领导者通常个性正直，但由于各种原因而无法满足岗位要求。这类领导者有的是缺乏行动力，而不是能力不足。他们大多数都有一种近乎病态的习惯，喜欢拖延。可能出于害怕、特权或是懒惰等原因，他们总是尽量避免费力劳神。他们不愿离开自己的舒适区。而拥有行动力但能力不足的领导者，则不会长久保持低效率，随着业务能力的提升他们可能会越来越好，尽管速度很慢。

诺贝尔经济学奖获得者丹尼尔·卡内曼认为："惰性是根植于我们的天性中的。"[9] 我能证实的是，懒惰是扎根于我们的身体和精神层面的，但那些有坚定信念的人能够克服懒惰，并表现出令人惊讶的纪律性。甚至不具天赋的领导者，也能通过努力来弥补能力上的不足。遗憾的是，随着社会发展的加速，低效领导者的数量越来越多。只要停下来看看，你就会发现身边有很多这样的领导者。只要稍微松懈一下，他们的个人优势就会消融，他们就会因其他领导者的上位而遭到淘汰。

从个人角度来说，我们可能会相信不称职的领导者，但从专业角度讲，我们不能信任他们。他们可能成为我们的朋友，我们也可能比较喜欢他们，但是我们不能依赖他们来实施领导，尤其是在这个节奏加快、压力巨大、局势不定的 21 世纪。我们没有犯错空间，试错成本极高，风险太大。

失败领导者（低修养值 + 低能力值） 失败领导者责任心不强，他们的典型特征是推卸自己的职责。他们不会以谦虚和开放的姿态来反思自己的业绩，他们无视别人的反馈，也难以对自己的工作负责。这就是他们失败的根源：他们从不学习如何自制，不承认别人的内在价值，也不尊重工作原则和既得成绩。他们只在乎一条——那就是自己的利益。你会发现，这种领导者经常通过溜须拍马，博取上司好感而得到升迁。

失败领导者把级别看得很重，因为他们可以身居高位，暗中挑事以求自保。失败领导者没有雄心壮志，只热衷于个人权势。他们鼓吹职位和与之相关的特权，因为他们不能因修养和能力来获取领导地位，实际上他们也无意这么做。他们是假冒品、骗子和伪君子的最好代表。

危险领导者（低修养值＋高能力值） 目的不纯则是另一种情况，当有人同时拥有腐败品行与成事能力，那会发生什么呢？危险领导者就是这种人：他们智慧非凡，同时品行不端——是野心勃勃而没有道德底线的"聪明人"。他们的野心不受道德约束，他们甚至可以拿他们的道德或品质去换取金钱，他们是眼中只有利益的人，所作所为皆以利益为准绳。

我听人们说，领导者需要真实可靠，还需要忠实于他们的信仰，但是，当你除了自己以外谁都不相信，那将会怎样？[10] 从定义上来看，领导力事关控制和强迫。如果抱有唯利是图的思想，只寻求使唤别人而不提供服务，就像许多居心不良的"天才"所做的，不过是权势之争，就像某位作家所说的"冷兵器的争斗"[11]。

我认识一位著名的牛津大学教授，他做了一个惊人的论断："我的同事和我几乎从来不会意见一致，但我们有一点达成了共识：那就是不要太相信任何事情。"不相信任何事情的领导者，很容易变得极度自私，终其一生陷入对充满诱惑的私利的追逐之中。危险领导者的驱动力受到了误导，他们变成了同事们越来越大的威胁，有些甚至变得人面兽心。历史上许多极权领导人——他们在人类史上产生了巨大影响，其中许多人都拥有这种可怕的能力。他们就像个暴君一样，口出狂言，让人们迷信于他们个人魅力阴暗面下的疯狂咒语。

当一位领导者能力巨大，却把这种能力用在黑暗处，或为了一己之私，或纠缠于细枝末节，那么周围的人就会苦不堪言，他们也不会做出什么出色的成就来。泰迪·罗斯福谈到危险领导者的本质时说："勇气、才智以及其他出色的品质等，都是服务于人的，但如果仅仅是为了个人自身的提升而服务，那么它们将使人变得更加邪恶。"[12]

当今商业巨头和大慈善家沃伦·巴菲特据此说："在招聘员工时，你需要考虑三点：正直，智慧和有活力。但是，如果第一点缺失，那么其他两项则足以致命。"[13]有才华的人似乎更能敏锐地感知危险领导者，如果他们觉察到某位领导者的修养可能会有问题，他们就会抵制这位领导的影响，或者直接离开。

领导力的最根本要求

社会活动家和哲学家托马斯·潘恩在谈到自由时的话，也同样适用于领导力，他说："我们得到的过于廉价，我们尊重的几无价值。只有被赋予了价值，所有事物才能显示出其珍贵之处，可谁能知道该怎样给物品设定一个合适的价位呢？"[14]不管修养还是能力，都不是免费的。好消息就是，领导力不要求头衔、职位或者权威来作为凭证，它并非是一种与生俱来的能力。**领导力是可习得技能，归根结底，它跟你的信仰、思想以及行为模式有关，也关系到这些模式如何影响他人。**

在本书中，我们同时考虑修养和能力。在第一部分，我们会讨论修养的四大基石：品格，谦逊，责任和勇气。在第二部分，我们将讨论能力的四大基石：学习，变革，判断和远见。修养和能力有其他属性吗？当然有。在此我想强调的是最根本要求。而你的任务则是做出可持续的行为改变，在成为伟大领导者的道路上不断前进。

在可持续的行为改变方面，我有以下三条建议与你分享：

掌控自己的发展。首先，请记住个人发展的铁律：所有可持续的个人发展，都基于你对主动权的掌控。它意味着，只有你觉察了自身发展的深切需求后，你才会做出积极的改变。反之，如果你没有这种发展需求，当你的改变冲动消退时，你就会体验到我们称之为"趋均值回归——无论高于或低于价值中枢（或均值），都会以很高的概率向价值中枢回归的趋势"的经典失败模式。那么，你将回归到你之前所处的均衡状态或舒适区之中。

无须贪多，每次只需优先做好两到三件事情。在我过去担任顾问的时候，我曾给一些企业高管做过培训。就我所积累的经验来看，很显然，每个人一次只能集中精力做两到三件事，如果一次做的事情太多，难免会自顾不暇，顾此失彼。我见过有人做事时兴致过高，告诉我他一次要做五到六项任务。而我觉得他要做的事太多，远远超出了他的能力范畴，这会使他的努力付诸东流，也会极大地打击他的信心，最终导致失败。

经常审视自己。在开始个人发展历程之前，要以合理的方式自我审视一番——这也是个人发展的前提。不然，你就不会明白你的真正定位。当定位不明确时，你就有了任意挥霍时间的借口，不能循序渐进。相反，如果你仔细检视自己，根据不同的情况自我调整，你就能比较顺利地向前发展。

PART 1

修养：归拢人心的软实力

第一章　品格是获信他人的无形担保 /005

你了解过伟大领导者的生活吗？成为领导者就意味着受到多
方的监督。面对小恩小惠，你怎么应对呢？品格是获信他人
的无形担保，当你能够在挑战和诱惑面前守住自己的底线，
你就能够获得团队的信任，也收获了人心。

第二章　谦逊可使你广开言路拢人心 /025

你能广泛听取下属的意见吗？做决定前，你会从对手身上寻
找适合自己的经验吗？你是更倾向于听到大家的赞美，还是
愿意倾听不一样的声音呢？谦逊是管理团队所必需的一项品
德，当你能够放低姿态，你就能够得到更多的反馈，收获团
队的信任。

PART 2

才能: 让人追随的硬实力

第五章　学习是自己永保优势的关键 /087

你有坚持学习的习惯吗? 开拓新的领域时, 你会向专业人士请教吗? 面对自己不熟悉的业务, 你是回避不前, 还是激流勇进? 我相信你有着天生的求知欲和好胜心, 那么, 不断学习吧, 只有这样, 你才能更好地迎接时刻变化的市场, 才能够永保自己的优势!

第六章　只有变革才能激发组织活力 /109

你敢提出改变吗? 当你的下属对你的变革抗拒时, 你会怎么做呢? 在平稳的环境里待久了, 你还有危机感吗? 变革, 往往意味着阻挠和创新, 面对下属的异议、团队的动摇, 要怎样才能更好地施行变革呢? 这需要你关注并培养相应的企业文化, 让你的团队更好地接受改变, 从而激发团队的活力。

第七章　卓越判断力能让你有效避险 /131

一个有魄力的人，也势必是一个受下属爱戴的人。当你能够
在激流中找到团队的定位，看到市场发展的趋势，那你就是
权威！如何才能进行系统的思考呢？怎样才能让自己的团队
发展更加健全和稳定呢？这是一场关乎判断力的战斗，你时
机不准、看人有误、亲和不足、过度放权……都会让你陷入
被动。你现在要做的，就是提升自己的判断力！

第八章　拥有远见你才可以赢得未来 /157

远见关乎未来，一个卓越的领导者也必定是一个有远见的创
新者。在风云变幻的时代，如何才能保证你的团队顺应市场
的变化，并且能够及时调整团队发展战略？面对来自商界各
方面的压力时，你能够从容不迫地应对吗？从这里开始，锻
炼自己的远见，挖掘团队的潜力，只有这样，你才能够赢得
未来！

目录

PART 1

修养：归拢人心的软实力

领导力始于修养。如果你具有了相应的才能，但是没有修养作为基础，那么当你面对压力、忧虑或是非本身劳动所得的诱惑时，你很有可能会崩溃。修养包括四大方面，在这一领域内，我见过不少的领导者拥有其一或其二，而只有那些伟大的领导者，才能因自身的修养受到同行或团队内人员心甘情愿地追随。这里我想强调的是，作为领导者的内在魅力，良好的修养是你归拢人心的软实力。

品格

修养的第一基石是品格。品格是指基本的诚实，包括但不限于勇敢接受你自己的身份和信仰。品格可以加速你的个人发展，因为你会尽力避免假意的非道德尝试。当你避免了行为不端，也不再因出现问题而首先进行自我辩解，你的行为模式将会变得惊人地强大。你会公正地对待他人，因为你也公正地对待自己。你做出了最大的个人努力。你会谨慎地求助于人，但却会慷慨地给予别人支持和信任。

谦逊

修养的第二基石是谦逊。谦逊与品格是相互为伴的，谦逊是如实承认自己的依赖以及无知。它是一种避免自大和它所创造的"现实扭曲力场"①的

① 现实扭曲力场，指结合骇人的眼神、专注的神情、口若悬河的表述和过人的意志力，扭曲事实以达到目标的迫切愿望，以及所形成的视听混淆能力——译者注。

能力。你越谦逊，你的思想就会越清晰，行动就会越明确。谦逊的惊人作用主要表现在三个方面：第一，使你远离自负的困扰；第二，当你为别人的成功感到高兴时给你带来更多的满足感；第三，使你更愿意也更能够做出改变。

责任

修养的第三基石是责任。伟大的领导者不仅愿意而且热望别人回应他们的成果。差劲的领导者讨厌被衡量，而成功的领导者却等不及被评判，这不是很有趣吗？当你按照责任的标准行事，你并没有偏离个人职责。你知道躲藏是错误观念，你知道自己的一言一行都受到公众的监督。最后，责任意味着要完成你开始做的事情，并且抵制一切形式的干扰，直至最终完成任务。

勇气

修养的第四基石是勇气。拥有勇气就能够在必要时抵制和挑战当下的强权。你会是创立者，而非保管人。你将要承受沉重的生活、情感、智力、精神和生理负担。你避免了"软退出"，坚持原则以保证良好的结果——要不然的话你就会有意识地减少用力，进而导致成功概率的降低。最后，你有勇气去设定延伸性的目标，去点燃自己的想象力。

CHAPTER 1

第一章　品格是获信他人
的无形担保

你了解过伟大领导者的生活吗？成为领导者就
意味着受到多方的监督。面对小恩小惠，你怎
么应对呢？品格是获信他人的无形担保，当你
能够在挑战和诱惑面前守住自己的底线，你就
能够获得团队的信任，也收获了人心。

我宁愿对自己诚实，哪怕有招致别人嘲笑的危险；

也不愿对自己虚伪，那会招致自己对自己的厌恶。

——引自《弗雷德里克·道格拉斯：一个美国奴隶的叙述》（1845 年版），

作者弗雷德里克·道格拉斯（1818—1895），

非洲裔美籍社会改革家，废奴主义者，演说家，作家和政治家。

你所面临的巨大挑战

对于品格，不要过于纠结它的哲学含义，我们只是在谈论基本的、最直接的诚实问题。不幸的是，腐败是当今社会的通病。[1]地球上的大多数国家，都面临着严重的腐败问题，它们就像无法排水的沼泽地，积重难返。古希腊哲学家亚里士多德说过："人民大众对于少数派来说，不太会滋生腐败。"[2]为了公民社会的利益，我们希望少数派也不会发生腐败问题。但是，根据埃德尔曼信任晴雨表的结论，75% 的全球组织会失去公信力。[3]

在这个国家里，我们用鲁莽轻率的财政政策，来追求虚幻的平等主义；我们喜欢权利却又不愿承担责任；我们在"无过错无责任"（著名的法律格言，19 世纪工业大发展后，工业事故频发，资本家用这条规则免责，导致工人遭受了很多损失）的原则下，经受了太多暴政的困扰；我们秉承了一种及时行乐式自恋的喷雾晒肤文化①。实际上，如果我们能够不顾对错——否认、拒绝、激烈攻击充满道德的理念——我们就可以去做任何想做的事情。[4]如果我们想让它听起来更有学术气息一点，我们可以把道德叫作"文化相对主义"。[5]正如一位观察者说的："就像真理被一种绝对的相对主义看待一样，那么可以说，道德也一样。"[6]

---

① 即为了使皮肤看起来像是太阳晒过的颜色，有意将之喷涂为黝黑或棕黄——译者注。

　　在诚实这个实际问题上，我们曾经吃过苦头。尽管我们愿意去实现自己年轻时的幻想，但事实上，我们的社会是充满不道德的。不过，政治思想家和历史学家亚历西斯·德·托克维尔针对旧世界的说法，我们同样可以用来评论新世界：我们"并未被那些混乱而不合逻辑的善恶观念所扰"。[7]

　　我们都有自己的道德观念，但我们仍须提升品格，因为道德需要品格来维持。我们通过修养来提升品格，我们的孩子也一样。遗憾的是，作为社会人，我们并没有用我们本该使用的方式，来教育和塑造下一代。宗教信仰日趋衰落，大多数学校在法律指令下保持中立……如果我们屈服于这种"冰冷的现实"[8]，我们就不得不承认家庭、教会和学校三者，它们几个世纪以来担负着给下一代灌输优良思想的重担——而它们所代表的社会化三角也已经断裂了。这很好地解释了我们社会的道德败坏，它是我们对非道德理念接受程度变高的可预测性后果，或者是一种经过伪装的放任。[9]

　　随着社会化三角的断裂，情况就像政治科学家詹姆斯·Q. 威尔逊强调的那样，我们从根本上切断了关于道德的公共话语权。[10]同时，媒体也乐于作为代理介入其中，将世俗的人道主义和极其广泛的腐败现象披露出来，包括放纵、自我膨胀，以及上百种唯利是图等。不必惊讶，许多年轻人觉得品德端正是不现实的，甚至有些怪异。他们会将它贬损为迪士尼式的理想主义，因为他们接受的教育是结果至上，为了胜利可以耍手段。[11]事实上，我们的社会文化已变成一种懦弱的文化，这会妨碍人们做出好品行所必不可少的价值判断。[12]

　　曾经有一次，我在给财富500强企业领导做培训。我带了一个大大的"待售"标示牌放在教室，就是你会放在前门吸引顾客的那种。我把它递给其中一位领导，并且问他："你是商品吗？"然后我停顿了下，接着说道："如果你没有深入骨髓的道德信条，而只是说'有些东西任何价钱都买不了'，那么你其实是商品，你早晚都会落入出价最高的人手中。"

就你个人的整个职业生涯发展来说，你肯定会受到道德的挑战。你的品格会受到考验。你可能会被怂恿去撒谎、行窃、作弊、勒索、贿赂、放纵、缄默、诈取、诓骗、逃避或者剥削，等等。就算你自己不去寻找，实施不道德行为的机会也会找上你。至少，在看到变相的欺诈行为时，你会被要求守口如瓶。

提前预料到可能的障碍，随时准备迎接它们的到来。当道德上的两难境地呈现在你眼前时，你的压力会突然变大，谈判者把它称之为"交易热"。所以，你要随时对这种紧张情绪有所心理准备，保持谨慎小心，因为道德议题不会自己发声。霍华德·温克勒，南方公司的伦理合规部经理说道："当一项道德议题到来，它不可能是包装完好的，也不可能附上纸条，并写着'这是一项道德议题，请做好道德评断的准备。'它只会突然到来，就像那些急需解决的商务问题一样。"[13]

同时，你需要知道的是，在你的生命中，你至少会遇到一次巨大的挑战，一次严峻的考验，一次严酷的遭难……它会挑战你的品行的临界点。你会经历这些，就像作家维克托·雨果谈到他的《悲惨世界》中的人物冉·阿让时说的："极难应付的挑战会带来巨大的压力。"[14]当我们的品格受到考验，不幸的那天总会到来。对于沃尔特·司各特爵士，这位备受欢迎的苏格兰作家来说，不幸的这一天在他的出版社倒闭时到来了，而他发现自己已经负债累累。在他的个人传记中，他这样描述道："谁能知道，我当时的情况就像航行在黑暗的大海中，而且船舱还在漏水。"[15]

你能守住自己的底线吗？

伟大的人道主义者与诺贝尔和平奖获得者阿尔贝特·施韦泽，在研究伦理学时，提到这种经历——"让我在半空中飘荡着"[16]。伦理学，哲学的分支之一，使人反思何为对错，但它绝不会告诉你该怎么做。不过，别担心，你也不可能通过读伦理学来练就好的品格。

诚然，我们今天会遇到许多错综复杂的道德伦理议题。但大多数时间，端正做事并不代表你知道要做什么，它只是代表你做事的原则而已。举例来说，在英国最近的一项调查中，学生们被问道："如果你知道不会被抓，你会在考试中作弊吗？" 59% 的学生回答："是的，当然会。"只有 41%的回答："不可能的。"[17] 这难道是因为这些学生缺乏道德推理能力吗？

作为人类的一员，你会遇到很多考验你品格的现实问题。具有良好品格的领导者能够掌控自己，约束自己的行为，也为自己设定底线。他们不会撒谎、行窃或者欺骗，因为他们知道这些本质上都是错误的，他们都有个人的《大宪章》作为自己的行为准则。[18] 他们的高标准和根本信念，会将那些蜂拥而至的人凝聚在一起，让他们主动来追随自己，这是领导力最佳的体现。

但是，如果你背弃原则，你的道德底线就会崩溃。哈维·曼斯菲尔德写道："当个人做出的决断未遵守原则时，需要做决断的人就会寻找其他东西来替代原则。"[19]这种寻找经常就变成了对一己私利的追求。如果你不坚持原则，那么也没有其他什么东西你能坚守的。这样，你很可能就会接受无原则的利益，排斥因遵守原则而形成的损失。

对于没有优良品格领导者的管理，必须从外部入手，运用规则、法律、合规系统、约束机制以及更大的控制环境来进行规范。他们内心深处也知道撒谎、行窃和欺骗是错误的。他们了解原则，但是拒绝被原则所控。当然，你肯定看过人们在无秩序状态下如何行事。当风险／回报率发生转变、接受惩罚的强制规范和威胁消失，人们就会点燃汽车，甚至洗劫邻居的店铺。他们并不会就相应行为反思，因为这些完全是基于原始反应，是人性中的丑恶。

四大道德导航系统（参见图1.1）显示了人们如何做出道德决断——通过运用四种对行为产生影响的策略来行事：

图1.1 四大道德导航系统

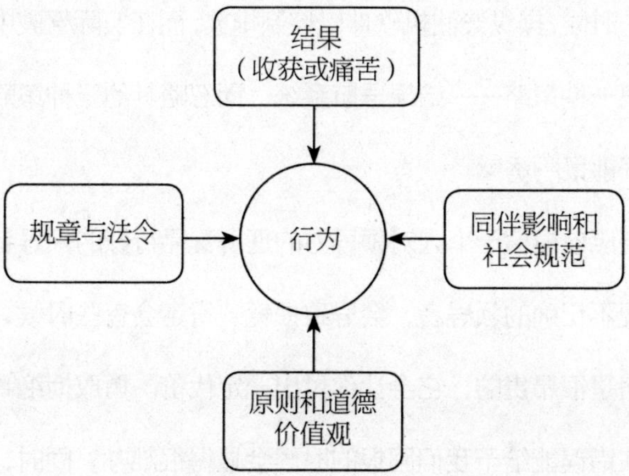

结果（收获或痛苦） 通过这种道德导航系统，我们尝试以一系列行为及其结果来进行思考。我们会根据给定的选择来预测痛苦或收益，如果回报很高而风险很低，我们就会趋向获得回报的行动。

规章与法令 通过这种道德导航系统，我们搜索与相应行为匹配的规章与法令，并努力使我们的行为符合要求。

同伴影响和社会规范 通过这种道德导航系统，我们受周边影响来指引行为。我们感知并遵循社会或者组织的规范、风俗和期望来行事。

原则和道德价值观 通过这种道德导航系统，我们求诸并遵循根植于内心和大脑的原则和道德价值观。我们根据何为对错的理念来行事，而不管外部压力、影响和诱惑有多大。

每种策略都很重要，都有特殊价值。但是要保持优良品格，原则和道德价值观起着决定作用。没有优良品格的个人或组织，会忽略原则和道德价值观，而只运用其他导航系统策略。举例说，为何大众汽车公司高管决定只在实验室测试的时候，操纵柴油机软件以控制排放，而在实际驾驶中不这么做？他们运用了第一种策略——结果导航系统，而忽略其他三种策略。他们被经济利益的大好前景所诱惑。

优良品格应该根植于个人对领导力的理解：品行好的领导者致力于做出贡献，价值观不正确的领导者，会导致损耗。肯定会有些时候，至少在短期内，优良品格是很昂贵的，它会让你付出一定代价。勇敢拒绝我们所知的错误，特别是在错误能给予我们回报的时候会显得很难办。同时，在知道去做我们认为正确的事情会付出代价之时，仍然坚持，这也很不容易。专栏作家佩吉·诺南说得很对，她说："你无法租用一种强大的道德观念。"[20]实际上，你也无法购买。你必须自己开发，为之工作，塑造它、训练它、守护它。通过优良品格，你可以抵御时代的诱惑。

丹尼尔·魏思乐，瑞士药业巨头诺华公司的CEO，直接而清晰地对他的员工强调了优良品格的意义。他说："我跟我的团队谈到了领导角色面对的诱惑。它有许多种形式：性诱惑、金钱诱惑、奖赏诱惑等。你需要了解你会受到怎样的诱惑，以便于你能够抵制这些诱惑。"[21]

神学家约翰·加尔文于1536年写道："所有人的思想中都有关于公民秩序和诚实的概念。"[22]而且，我们都有双重性格。我们都有做好事的冲动，也会有做坏事的冲动——当然我们也能区分彼此。问题是，我们不会总是根据我们的所知来行动。伟大的"俄国"小说家亚历山大·索尔仁琴说，我们创造了"一个道德平庸的氛围，麻痹了人类最可贵的冲动"。[23]

品格是一个关于意愿的问题。[24]与任何你想要的其他东西相比，你更想拥有它。著名报业人士和政治家霍勒斯·格里利说道："名声就像水汽，人望只是意外，富贵终会飞走。"[25]你相信这句话吗？这并不是一个哲学问题。你现在必须回答，你不能置身事外，假装与你无干。

或许你的父母没有教导你价值观的重要性；或许你确立的榜样告诉你要想成功就需要将道德分离出去；[26]或许你有个永远只对自己忠诚的老板；或许大众媒体怂恿你去攫取权势和利益；或许贪心已使你的感官变得迟钝；或

者你有个哲学教授教导你世无定则；[27] 或许你认识一些靠欺骗而变富起来的人；[28] 或许你已被呼吸到的道德败坏的空气所迷惑；或许你对无赖之人的倒行逆施和 20 世纪世界领导力领域冗长的荒诞表演嗤之以鼻；[29] 或许……但是，你不能保持中立。石头和树木可以中立，但人类不行。你不可能甩手不管，变成哲学家。作家，社会活动家以及纳粹大屠杀幸存者埃利·威塞尔坚称："我们必须表明态度。"[30]

影响力因素框架（参见图 1.2）显示了人们每天的所作所为。首先，我们被他人的行为影响。然后，我们会思考这种影响，并尝试与我们的价值观、态度、信仰和意愿来进行匹配对照。接着，我们会做出行动并影响他人。最后，我们会享受自己行为所产生的成果，或承担相应的后果。请注意，行为带来的结果可能会延迟很长时间才会到来。生活的特征就是不会得到快速而完美的评断。

图 1.2　影响力因素框架

价值观、态度、信仰以及意愿　→　行为及其影响　→　行为的结果

理解我们生活的每天都会经历这种过程，是很有帮助的。认识到我们在此过程中的责任当然也很重要。

你要对自己的价值观、态度、信仰和意愿负责。你有最终的和唯一的决定权去选择怎样受别人影响。

你要对自己的行为及其对别人产生的影响负责。你拥有道德主控力——即自己决断对错的意志。

你要对自己的行为结果及其对别人产出的影响负责。其中包括你的行为如何对别人的思想、感觉、信仰和决定产生影响。

你要对自己的想法、感觉、信仰、言语和行为担责，同时，你也要对结果负责。正如弗雷德里克·道格拉斯在废奴主义者威廉·劳埃德·加里森的葬礼上所说的："这是属于他的荣耀，他独与真理同行，也静待结果的到来。"[31]

"第一次辩解"

我曾经在联邦、州以及地方执法机构供职，也为特勤处，联邦调查局，联邦缉毒局，酒精、烟草、枪支和爆炸物管理局以及其他机构做过领导力培训。如果查看这些机构的非道德行为数据你就能发现，他们与州政府和地方政府的相关数据表现是一样的。非道德行为主要有三类基本表现：

- 谎言，盗窃及欺骗

- 滥用药物

- 性行为不端

我们把这三类非道德行为表现称为三种"毒蝎"。有趣的是，相同的不道德行为表现会出现在每个不同的人身上。如果你查看一下过去50年的数据，你会发现执法机关工作人员的不端行为也符合这三类"毒蝎"表现。但是对于那些可预测的非道德行为表现来说，上述三种并不是全部，我也知道是什么行为导致了官员们被口诛笔伐。导致被声讨的行为模式就像声讨行为本身一样可被预测。那么，它是什么呢？它只是对正直的个人承诺的逐步破坏。

除了少数例外，行政官员开始职业生涯时，都会郑重承诺保证遵守职业道德规范。对于那些违反道德规范的人，最危险的一步并非违规事实发生之时，而是我们称之为"第一次辩解"时。它指的是，个人在首次不遵循道德规范行事时，不承认错误反而推托辩解的情况。

通常第一次犯错，比如说，违反"不贪小便宜"原则，接受礼物、享受折扣，或者因别人的工作职能而获益，它一般是指诸如接受免费咖啡类的小事。对于很多人来说，这听起来很荒谬，但我们发现，小的失误会产生小的漏洞。你贪了小便宜，一次接一次，而后会越来越大。最后，甚至当你在监管充公的财物时，你明知道这些是通过贩毒而来，你还是会开脱一番，然后偷取一些。这就是犯罪的发生过程。

庆幸的是，并不是每个人都会从"第一次辩解"的位置点滑下去。对于坚守品格的人来说，他们甚至在面对小恩小惠时都会紧张得出汗。如果你小心行事，谨慎对待琐碎小事，那你永远都不会触碰到"第一次辩解"。可预测的事情也是可避免的事情，如果你从不允许自己走捷径，那么，保护好自己的道德底线就是完全可预测的，道德不端的行为也是可避免的。

利益面前的最基本考验

在我的职业生涯早期，我在密西西比河西部仅存的一家完全一体化钢铁生产基地，即日内瓦钢铁公司，做了五年的厂长。这个工厂是美国钢铁公司在"二战"期间建造的，总装机面积占地超过800万平方米。我们一天24小时，一年365天连续运转，仅仅在机器保养时才关闭休息。当然，我不能连轴转地工作。为了查看更多厂房，联系更多的人以及亲自获得信息，我形成了在中、晚班换班期间不定时巡视的习惯。

一次晚班巡视时，我从我们称之为"发热端"的地方出发，经过焦炉和高炉。接下去就是集中维护的时间了，在这段时间内，电工、管道工、机修工以及其他工人会保证正常运转。时间快到凌晨2点，我走进了配电室和机工车间旁边的休息室，打开门看看，里面漆黑一片。

我发现灯是关着的，于是我按下了开关。这下子，你猜我看到了什么？是的！30来个工人正在临时休息室里熟睡——但他们还照样领工资。我手握一部很长很亮的手电筒，脑中却只想着：我该用它的哪一头来叫醒这些人？很显然，这些人（都是男士）都在工作时间里睡觉。

所有当晚因睡觉被抓住的工人都受到了严厉的训斥，而且被停职一周。更有意思的是这些人不同的应对方式，有些人试图去工会走后门，想逃避责任。他们煞费苦心，想通过申诉或正式仲裁的方式来消除劣迹，还想拿到他们停职期间的补偿。另外一些人担起了责任。他们承认了自己做的不当行为，还写信给我道歉。很显然，只有第二类人才会好好地看着他们孩子的眼睛，然后教育他们要为人正直。

如果品格最基本的是诚实，那么第一原则就是"对你付出的时间和努力诚实"。我有一个朋友，他管理着成千上万的员工。我问他："你认为品格的第一原则是什么？"

"来上班就好。"他回答说。

"就这么简单？"我问他。

"是的，就这么简单。如果你能出现在你希望被出现的地方，你的表现就超过了 25% 的人了。"

"那么，第二原则呢？"我问道。

"第二是干活。如果你能够干活，也就是说，会做你自己该做的事。在这里，我并不是说你一定要做好。但是，如果你努力做了，即使犯了错误，你的表现也比一半人要好了。"

"所以，你认为仅仅是'上班'，并'干活'了，这样就属于表现好的是吗？"

"是的，这就是我的观点。"他回答，"这也就是与几年前文斯·隆巴迪教练在绿湾包装工队的指导原则一样：'我们要在最基本工作上做到最佳。'[32] 所以，最基本的就是要'上班并干活'。要想找到真正愿意做事的人很不容易。"

如果我们不能经受基本的道德性考验，连上班和干活都做不到的话，那么很可能我们就是在自我欺骗，这是一种当我们对自身生活不满时所做的低成本的自我安慰。但是，同所有其他的规避痛苦的违法方式一样，这种方式并不能使情况好转。

对许多人而言，成本／收益的计算方式就是看"上班并干活"的成本是否比"逗留一会儿"的成本高。我们经常选择自我欺骗，因为我们通过自认为低等的不诚实行为，创造出了一种可容忍的工作调节机制。没有做到"上班并干活"可能会使我们感到烦恼，但是并不足以将我们击倒。所以，我们说服自己这无关紧要，至少今天没事。于是，我们推迟去做。但是就像小说家，诗人和游记作家罗伯特·路易斯·史蒂文森经常引用的那句话："迟早，这样做的每个人都会自食其果。"[33]

人们更倾向于在危险即将发生时改变行为。在做出改变的动机变得足够强大之前，人们会长久保持不变。惯性是一种极其强大的力量。甚至当我们感到急需改变时，这种急迫感更多起的是刺激作用，而不是支撑作用。遗憾的是，许多人是靠危机激发出相应行为的。

如果你仔细考虑，就会认同未能做到"上班并干活"代表了一种回避努力的模式。优良品格要求你坚持自己的努力。偶然的努力是品格出现问题的明确象征。因此，我们需要明白，"上班并干活"的行为是我们对于自己和他人给予的善意的馈赠。

领导者的道德曲线

在大多数组织里，领导者的道德行为符合正态分布曲线变化（形状是中间高两边低，图像是一条位于 x 轴上方的钟形曲线）。在一端是具有高度道德性的员工，在另一端则相反，而其余的大多数"只是在道义上拥有道德"，就像小说家和诗人托马斯·哈代在《远离尘嚣》里描述的："居于参加圣礼的教民和当地醉汉区之间的、劳迪西亚式（指不热心的）中立的广阔空间里。"[34] 组织及其领导者怎样在中间区域内行事的决定，经常能够决定这个组织的成败。

组织履行原则性的能力，来自不容妥协和深刻的社会文化价值观念。这是道德行为的一种文化约束，这可使组织长期保持对股东的承诺，而恪守承诺也是保证组织高绩效的本质。沃伦·巴菲特说："文化比规章制度，更能决定组织的行为。"[35]

当领导者认真对待价值观竞争时，组织也会如此。组织会产生一种修正的道德敏感性，它能深深融入组织文化之中。长此以往，那些不认同和不符合组织价值观的员工就会离开。同时，那些留下来的员工会把领导者们置于很高的原则性标准之上。如果领导者犯错，员工们不会视若不见。

鲍勃·莫瑞兹，美国普华永道董事长及资深合伙人，就他的观点举例说道："如果我的言论与普华永道的价值观相冲突，它就可能像病毒一样传播开来，那么我的信誉就会受打击。"[36] 这是一件非常好的事情——即通过文化的力量来约束领导者履行职责。它是如何形成的呢？当领导者在足够长的时间内力主塑造道德价值观，等到这种行为模式变成组织的普遍准则，相应的企业文化就会形成。

时至今日，组织面临的挑战是招聘了很大比例的不信奉组织文化也不能约束自身行为的员工，这就使得组织只能加强环境控制和企业管理职能。这样一来，系统最终会崩溃，丑闻也在所难免了。

最具核心价值的"钉子"

思考一下这个问题：谷歌是建立在什么基础上的？这个问题的答案会让我们清晰地明白，组织为何迫切需要原则。当然，世界上没有完美的组织，也没有企业能够拥有始终能化解一切威胁的自适应能力。但是，谷歌无疑是最棒的企业之一。

谷歌是建立在专有技术上的吗？——它是建立在创始人拉里·佩奇和谢尔盖·布林开发的，而且后来变成谷歌的专有网络搜索算法系统的原始核心编码吗？是建立在谷歌的"整合世界信息，使其处处可得，人人受益"的使命上的吗？是建立在谷歌的那句被确定为行为规范——核心是"不作恶"[37]的价值观之上的吗？答案是肯定的。这三者都为谷歌的巨大成功和竞争优势做出了贡献。但是仍有一个重要议题值得关注，那就是这些因素的有效期限问题。在某种程度上，谷歌的现行策略会被完全"摊销"，并且必须改变。那么，它的企业使命呢？如果谷歌决定涉足其他商务领域，这种情况也可能会发生。那价值观呢？谷歌会抛弃"不作恶"观念吗？若果真如此，那将是一场灾难。

在美国的早期历史中，我们发现那时候建造房屋和现在建立现代化组织有些奇妙的相似之处。当移民们往西部拓展时，他们找到一片肥沃的土地来建造家园，等到土地和生活状况变好、未来可期时，他们就定居下来。在他们收拾行囊重归旅途之前，他们会烧掉屋舍以回收钉子。这些手工锻造的钉子当时很稀有，也很值钱，是他们的珍贵财富，他们自然不能轻易丢掉。

不管你的策略如何优越，你的愿景如何诱人，你的执行力如何高效，或者你的客户服务如何亲切，公司的原则和价值观是与人类的内在价值相似的，它们都是最宝贵的资产。最终，所有其他的东西都会被抛弃。不可避免的是，策略总会寿终正寝。你创造以及传递价值观的方式会改变，支撑你价值观的依据也会过时。你们的制度、结构、程序、惯例、角色、职责以及技术等都是可配置的。所有的东西都很容易消亡，除了一项：确定的原则和核心价值观，它们会长久保持。

原则和价值观是对员工和顾客履行承诺的基础。出于可以预见的理解，它们给予公司保证、信心和信任，[38] 它们是价值观最终的持久的来源。如果它们离去，那么一切也就不复存在。如果组织抛弃原则和价值观，那么它就丢弃了道德基础，就会不堪自身重负而倒塌。有太多的领导者和组织被强迫"在震后的早晨学习地质学"[①]，这正是诗人和散文家拉尔夫·沃尔多·爱默生经常引用的话，[39] 许多失败的组织的"墓志铭"会是"死于自残"，因为一切本是可协调的。

---

① 这里是说问题发生后才想起来补救——译者注。

组织的策略或商务模式，并不是神圣不可侵犯的。但是，在原则和价值观与其他事物之间应该有切入点，它们代表了策略之外宝贵的独立资产。在其他任何事物都可牺牲的情况下，它们提供了连续性和同一性，它们代表了文化的核心要素和组织的不变灵魂。

在那些领导者成功改造了整个企业的案例中，组织广泛的和最高范畴的变化都得以体现。从这些案例中我们认识到，在变革过程中保留原则和价值观不仅是可能的，而且是必要的，必须为之提供保障。具有讽刺意味的是，或许具有最强的行为准则和价值观的组织通常也具有最强的适应性能力，因为人们皆依附于此，也知道其他的一切都是公开的。如果你想信守承诺，那么在重建公司之前就烧掉"房舍"吧。不过，请留着你的"钉子"以备后用，因为它们是你最具核心价值的"物品"。

本章要点总结

在假意的道德不端测试中，社会充满了不道德现象。

我们会面临品格危机问题，因为社会化三角会断裂，还因为我们信奉道德相对主义。

在现实生活中，你会一直被引诱去做出非道德行为。

优良品格有赖于固定的行为准则和道德价值观。

去塑造、教导、捍卫优良品质吧，因为你不可能在道德与非道德行为选项中保持中立。

你要对这些负责：

■ 你的价值观，态度，信仰和个人意愿

■ 你的行为及其影响

■ 你的行为及其影响引发的结果

为了防止道德滑坡，尽量避免做出"第一次辩解"。

坚持"上班并干活"。

创造诚实文化，确保组织信守承诺。

当你需要抛弃策略之时，不要抛弃行为准则和核心价值观。

在 21 世纪，原则性是个人和组织竞争优势的来源。

CHAPTER2
第二章　谦逊可使你广开
##　　　　　言路拢人心

你能广泛听取下属的意见吗？做决定前，你会
从对手身上寻找适合自己的经验吗？你是更倾
向于听到大家的赞美，还是愿意倾听不一样的
声音呢？谦逊是管理团队所必需的一项品德，
当你能够放低姿态，你就能够得到更多的反馈，
收获团队的信任。

"最高标准的领导力"通过个人的谦逊品质和专业意愿的矛盾混合体，来保证持续的伟大能量。

——引自《从优秀到卓越》，
作者詹姆斯·C.柯林斯（1958—），
美国商业顾问，演讲家，作家。

谦逊真的重要吗？

在生活中，人们往往会礼貌地告诉你，谦逊非常重要。但是，大多数人并不相信。作为性格特点之一，谦逊的公众信誉度不高，名声也不好。人们会认为它是软弱、退缩、逆来顺受的表现，而实际上恰好相反。所以，我的第一项工作就是拆穿这个谎言。**从本质上说，谦逊是绩效加成器，它能使你的发展、成长和进步都变得更快。**这种朴素的性格特点极其强大。具有讽刺意味的是，它也是最难培养的特点之一。

在富兰克林的自传中，他说道："实际上，可能没有任何一种天生的热情能比骄傲更难压抑的了。无论你想掩饰、争斗、打压、抑止，还是克制，它仍然存在，仍会不时显现。你会发现它有史可鉴。甚至当你觉得自己完全抑制住它了，你仍会为自己的谦逊而感到骄傲。"[1]

现在，我来定义一下谦逊，让我告诉你，为何它如此重要。**谦逊作为品格的延伸，是一种能够承受自身依赖性和无知的事实的能力。**它也是一种感激而无怨地接受，接受这样一个事实：自身所知有限，在无人帮助的情况下能做的事情很少。另一方面，傲慢却是一种职业冒险，它会导致你判断失实，决断偏颇。

我们互相依赖。在严格意义上，没有任何事情是单纯靠个人完成的，尤其在组织之内。谦逊不仅承认个人必须有所依赖的残酷现实，而且包含一种合宜的感激之情。那种感激之情是一种对自负及其内在危险的预防和检视。[2]
凯文·沙拉尔，曾任生物科技公司安进的 CEO，他评论道："傲慢需要付出一定的代价。"[3]傲慢的领导者需要面对的责任风险是巨大的。感觉高人一等、自信过头、自命不凡为何十分危险？而不慕荣华为何如此难得呢？

■ 谦逊的领导者接受现实，傲慢的领导者却常常生造说法，以使得他们在事务进展顺利时显得重要，而在发展受阻时却与己无干。

■ 谦逊的领导者面对坏消息镇定自若，而傲慢的领导者如坐针毡。

■ 谦逊的领导者接受并参与思想的争辩，他们鼓励提问，允许人们挑战现状。而傲慢的领导者视提问为对他们权威、地位以及现行权利配置的挑战。[4]

■ 谦逊的领导者会自我反思，傲慢的领导者只会推脱责任。

■ 谦逊的领导者致力于成长，傲慢的领导者经常自我膨胀。

■ 谦逊的领导者重视贡献而淡看竞争，傲慢的领导者热衷争斗而轻视贡献。

在 21 世纪，谦逊会变成持续竞争优势越来越重要的来源，因为我们处在一个动态的、缺乏宽容的工作环境中。要想取得个人职业上的成功，你必须保持开放心态，并屈服于现实。[5]

有时候，你会有先发制人的远见和感知。而在其他时候，不管你多么想预见接下来会发生什么，你都会碰到前所未有的威胁。为了放开自己，保持开放心态，你需要理智的、情感的和精神上的品质保证，这就是谦逊。怎样培养和维持谦逊？你必须直面自身的失败、错误和弱点。这就需要稳定的真实反馈，以及不断奋斗的自我意识。

最后，谦逊很重要，是因为它能使你远离以自我为中心，使你能够以更坚定的信念影响他人。它能帮你看得更透彻，而避免被偏见蒙蔽双眼。它给予你更强烈的意愿去了解别人——了解他们的故事，他们的努力与成功，他们的心痛与渴望。拥有谦逊，你就更可能在面对压力时保持镇静和耐心，而不会沮丧、生气或是缺乏同情。谦逊能使你做事时动机纯粹，避免别有用心。你会萌生爱意，乐于助人。人们会感受到这些，也会更乐于对你的影响给予反馈。他们会更加努力地工作与奉献，因为他们知道你尊重他们，也重视他们。

你怎样对待坦率直言？

当我在做高管培训时，首先我要评估的就是他们的谦逊品质。我问他们："从1到10，1表示最低，10表示最高，你们认为自己对坦率性格的容忍度如何？"我接着说："不必马上回答。回家好好想想，做一次深刻回味。你有一周的时间，想好后我们再谈。"结果对这个问题，没人给自己打10分。

形成对坦率性格的高容忍度是谦逊的标志，它也能带来良好的业绩。《箴言》里曾说："拒绝指导者轻视自己，倾听责难者理解自己。"[6] 形成对坦率的容忍度关乎技能和意志——两者既是能力也是意愿。

傲慢和狂妄会形成一种现实扭曲力场，它们诱使你去创造一个关于你的生活和表现的虚构故事。而这一趋势，也会渗透到你的人际关系和工作组织中。对坦率具有较低容忍度的领导者会把直接的反馈看作是一种冒犯。他们通过惩罚那些想要以事实对抗权力的人，以此来捍卫自己的个人主义和地位。如果你能够克服人类天生的自卫冲动，你就能更快成为领导者。

纳琳德·辛格，托普科德公司的CEO，在一次接受采访时说：

过去这些年，我最佩服的领导者是那些不怕挑战的人。有些人说他们希望被挑战，其实，他们只是希望以一种使他们看起来像是最聪明的人的方式而被挑战。那让我很难接受，我想确定人们对我不会产生这种感觉。如果我有一些的确很棒的员工，我与他们的争论会减少八成，因为我知道他们在特定领域内远胜于我。你必须使人们感觉到，最棒的想法一定会胜利。[7]

将你自己置于一个直接行动和表现的位置上，持续十天时间，每天向不同的人要求直接的坦率的反馈。这样就能压制你的自负，使你保持谦逊的心态。一旦你形成对实事求是的良好体验，你就会想要更多。它就会成为你的日常所需，你就再也不想错过了。

但谦逊的态度不仅限于接受坦诚的反馈。它意味着你愿意被纠正，并能采取相应的纠正措施，也意味着你准备好犯错。你愿意接受别人的评价——他们甚至会评估你的表现深度，因为你知道自我发展的旅程不能孤身独行。通过观察和经历，你认识到人需要诚实坦率，表里如一。如果做不到，我们可能会栽跟头。我们会变得愚蠢，那是因为我们孤立无援。

你的第一项任务就是要诚实面对事实。但是你不能独自面对。正如一句谚语所说："反馈是冠军的早餐。"作家，诗人和哲学家亨利·大卫·梭罗认为："审视自己就像不转身就看到背后一样困难。"[8] 我同意这个说法，因为我观察到，很多领导者并没有认真考虑过自己的表现。

缺乏谦逊品质的领导者大多不可靠，他们多狡诈而顽固。他们不愿触碰冰冷的现实，他们对直接真实的反馈会感到愤怒。他们过分自信，不愿意听取别人的意见。有些人是天才，有些人自认为是天才，但傲慢的领导者不明白这二者的不同。他们要么过于自信，要么自我怀疑。他们喜欢被当作唯一的中心，希望其他人都是衬托。

傲慢的人拒绝承认周围有比他聪明的人，也不想承认别人在指导方面更有天赋。他们不能承受负面报道。他们喜欢被礼貌对待，喜欢鸡尾酒会上的笑谈，喜欢被阿谀奉承，喜欢虚构的现实。坦率？这对他们而言不值得去做。

谦逊可能是区分优秀领导者和伟大领导者的唯一最重要的因素。通常，越成功的领导者越不愿意接受别人的领导和指示。尤其是高管人员，他们一般会认为自己已经从学习者的队伍中毕业了，那种想法经常是妨碍他们发挥出真实潜力的不可克服的障碍。举例说来，一位杰出的作家在为他的书征求反馈意见时，强调了获得诚实而高质量的反馈的重要意义是："我真正想要他们做的是告诉我问题在哪儿……因为你总会需要耿直的人来告诉你实情。"[9] 但是，如果你并不谦逊，谁会这么做呢？

谦逊并不仅仅具有可教性，也并不仅仅是学习意愿。它是一种忘却和改变的意愿。谦逊意味着愿意接受反馈，甘于承认错误、局限和缺陷，也想要下定决心去改进。领导力是一个自我发现的过程，但它需要别人辅助。我们都有盲点，它们可能严重损害我们的表现。或者我们也会有无法克服的明显弱点。你可能会想到，乔治六世①在他的兄弟突然退位后登上了英国王位，他该会有多么的骄傲和自负。但谢天谢地，他足够谦逊，为他日趋严重的口吃毛病四处求助。那种谦逊和勇气的混合特质，是他成功的秘诀。

诗人，小说家鲁德亚德·吉卜林在他的代表作《退场赞美诗》中，表达了他见证了一个国家兴衰的自豪和悔恨。吉卜林能够预料到维多利亚时期的英国会陷入萧条，但他并不为英帝国的损失而忧伤，而是为了更为严重的谦逊品质的丧失而悲痛：

骚动和呐喊消散；

将领和国王离开；

古老的祭祀仍在；

谦卑和悔悟相伴；

与万军之主同在；

让我们永不忘怀。[10]

如果领导者能够持续地培养谦逊品质，最终他会过渡到更高的发展阶段——最终的信心阶段。

---

① 生于 1895 年 12 月 14 日，终身都患有严重的口吃。2010 年上映的电影《国王的演讲》即以乔治六世为原型，影片讲述了 1936 年英王乔治五世逝世，王位留给了患严重口吃的艾伯特王子，后在语言治疗师莱纳尔·罗格的治疗下，艾伯特克服障碍，在二战前发表鼓舞人心的演讲——译者注。

"最终阶段"的领导者

"最终的信心阶段"这一术语是我用来描述领导者修养发展的最后培养阶段。相比其他任何事物，它更像一种对谦逊的衡量手段和征服自我的需要。它是一个很多领导者达不到的阶段，尽管每个人都有这个机会。它是一个很难达到的位置，特别是当你取得的成就足以表明你知道自己在做什么的时候。商业理论家克里斯·阿基里斯写道："因为很多专业人员在他们的领域内总能取得成功，所以他们很少经历失败。同时，因为他们极少失败，所以他们根本不知道如何从失败中学习。于是，当他们的单循环学习策略失败时，他们会变得保守，厌恶批评，会把失败'归咎于'除自己之外的任何人。简而言之，他们的学习能力就在他们最需要的时候关闭了。"[11]

显然，要达到这一阶段很难，这取决于他们的先天条件、后天环境和各种不同决断的混合作用。但是，即使最笨拙的人也能够达到"最终的信心阶段"，因为第三项要素——决断，是最具有决定性的。随着时间的推移，它的重要性能够突显出来，并克服其他两项的影响。它真的是一种不错的选择。

如果你曾经接触过达到"最终的信心阶段"的领导者，你可能记不得他们了，这种接触可能没有留下长时间的印象。可实际上这一点也不奇怪，因为"最终阶段"的领导者由一开始个人表现的冲动，提升为了给予祝福的冲动。你记不记得他们，对他们而言已不再重要了。

让我来描述一下处于"最终的信心阶段"的领导者们常见的行为特征。

这些特征与个人品质、智力水平或个人风格都不相关。但是，"最终阶段"的领导者之间会变得相似，在他们相似的内在谦逊品质中，流露着相似的外在表现。

处于"最终阶段"的领导者能保持自身的平和。他们能够通过自身行为，来抑制个人主义的倾向。"最终阶段"的领导者不大会阿谀奉承，不喜欢自我推销，也不在意吸引关注。下面是属于"最终阶段"领导者的一些可观察的行为模式：

■ 他们不需要别人一味听从，不需要别人长时间的关注，他们不想强调自己有多聪明。

■ 他们不会通过交际来寻求社会地位，所以他们不会借名人来抬高自己。

■ 他们不认同"领导即专家"模式，这一模式中，领导者被当作知识库。所以，他们更愿意倾听与提问，而不是奢谈或妄言。

■ 他们重视同僚的有价值的赏识和认可，但不会刻意要求。他们知道，领导力的获得常常需要长时间和远距离地坚持而不求回报和认可；只要我们埋头苦干，最终我们可能会如愿以偿，也可能不会。"最终阶段"的领导者通过内在激励来加强努力，他们知道，成功可以自我补偿。

■ 同时，"最终阶段"的领导者不会以假意的谦虚来转移别人给予的认同感。他们不会忸怩作态或是假装正直，他们会因明确而值得的认可而心怀感激。

■ 他们会更快、更坦率地纠正别人，但这种反馈是包含同情和真切关怀的情感的。

■ 他们会真实而明确地表达赞美，不会平白无故。没有达到"最终的信心阶段"的领导者，经常是要么赞不绝口以显示自己的慷慨，要么决口不提自己的不满，或者是因为他们认为赞美是稀缺资源。

■ 对于别人的粗心和刻薄，他们不太会感到伤害或被激怒。有一次，我碰到一位傲慢的领导者，在一次分组讨论中反复打断一位"最终阶段"的领导者。这位傲慢的领导试图通过令人生厌的大男子主义行为来建立权威，而这位"最终阶段"的领导者一直耐心应对。当然，在场的每个人都不以傲慢者为然。

■ "最终阶段"的领导者会变得更加友善，同时要求会更高。他们更加能够理解人只会在努力向上时才会成长。他们知道努力向上是痛苦与欢笑并存的，也是练就新的能力的唯一途径。

当一位领导者跨越了"最终阶段"的门槛之时，幸福的日子随之而来。到那时，通向更深层次的谦逊的旅程，以及一位观察家所说的"低水平的温驯"[12]，会在许多方面影响他或她的行为——其中最明显的影响之一就是他或她与别人的互动和沟通方式。

弯腰劳动的连带效应

还有一种培养谦逊品质的办法：做平凡的工作，或者别人所称的"弯腰劳动"。它是治疗傲娇的良方。它能降低你被富足生活宠坏的概率。坚持做

"弯腰劳动"，哪怕只是简单的洗碗，它都会让你脚踏实地。无论是在职场、学校或者家里，抓住一切机会做些没人想做又必须要做的单调、平凡、乏味或不受待见的工作，它总能产生"谦逊"这一连带效应。举个例子说吧，我的大儿子在他高中的一个暑期，去餐馆做勤杂工。谁能想到这个看似"低贱"的工作，对他产生了多少有益的影响？

值得注意的是，他在餐馆的经历，无论是清洁、扫地、洗刷还是备货，都是我无法教导他的。那份无须技巧、默默无闻的工作，尽管处于食物链底端，尽管属于低级别的劳动，尽管只是人类社会极小的一部分，却变成了他最珍贵的老师。这位老师让他知道了关于人和组织的现实，虽然不总是很完美，但却很有效。这些内容有：应聘、绩效与跟进执行；时间和资源限制；质量、成本与产量；生产力、客户服务与工序流程；权力与政治；公平与歧视；等等——所有这些都以一种我无法施行的教育方式而实现。你是否注意到，这是用一种最低的代价学到的完整的课程。

有天晚上，他午夜换班回家，我们在厨房谈论起来。他脸上露出一种疲惫的满足感，就像你在辛苦工作时，感到既劳累又开心。他身上透着一股烧烤味。我问他在工作中都学到了什么，然后我拿出一张纸，记下了他的所得：

■ 我坚守自己的职业道德。有些员工想看看自己能否逃工，他们总想在工作中偷懒。如果你想留下一堆盘子给别人洗，那就留下吧。别人会努力工作，不会走捷径。做不做取决于你自己。

■ 不以赞美而喜，不以抱怨而悲。不靠谱的人只想要赞美而不想要抱怨，自信的人重视抱怨，并视之为学习机会。

■ 可见性创造机遇。人们会给予服务员小费，而不是勤杂工，所以我没有拿到多少小费。

■ 人们不总是把人当人看。非技巧性工作需要人做但一般都不受重视。勤杂工都是在暗处工作。顾客叫唤时会说："嘿，打杂的！"这是大多数人们只把勤杂工看作是跑腿的这一现象的终极暗示。

■ 我对于金钱的价值有了新的看法。勤杂工的工作教会我以工作耗时来看待物价，如果我想买什么东西，我会问自己它到底值不值这个价。我学会了更加节俭，花钱也更加小心。

■ 工作基调由老板定。比如，一种老板会在用餐前高声催促大家行动起来，然后自己坐在车上抽烟。另外一种老板在工作时沉默不语，而别人也跟着他这么做。

■ 用微笑对待别人的粗鲁。遗憾的是，顾客很难经常表现出和善的一面。在倒班过程中，你会碰到各种各样的顾客行为，从粗鲁的到优雅的都有。当有人表现粗鲁时，用微笑来应对，尽可能表现出高兴，因为等你回家后你就不用见他了。

■ 小姿态有大作用。为什么一句简单的"谢谢"会有巨大作用呢？然而，它就是有作用。

■ 放弃自我主义很有效。没有任何事情是你不能够做的。我倒过垃圾，擦过地，然后照常打卡下班回家。其实，很快就能做回你自己。

■ 这项工作并不是我的目标。它很棒，我也学会了很多东西。但是，我突然很有动力想留在学校学习。

与孩子一起做事成了我的荣幸，比如擦擦碗，拖拖地。不然，哪有这种在厨房工作的交谈时间？有一天，我和儿子在整修厕所。如此一来，我们都能够详述厕所水箱的内部构造，而这些都是我们不会主动去学的。我们一起弯腰干了几个小时，中间还跑了几次五金店。当我们最终拉起操作杆，看到水箱注水时，那声音仿佛音乐声响起。和儿子一起，我赢得了信任，我们还从实践的光荣胜利中增强了信心。

在我读研究生一年级之后，我没有足够的钱来交我下学期的学费。我的一个朋友邀请我跟他一起去加州贝克斯菲尔德的葡萄园干活。这项弯腰劳动使得我可以继续待在学校里。但当我与这些民工一起工作时，我再一次领会到，我与他们并没什么不同。

人们通过专心致志的努力来收获信心。如果你不能维持专注，你就很难达成有意义的目标。[13] 举例说，我们夫妻属于 DIY 一族，不会雇人来干活。我们毫无保留地把这项传统传递给我们的子女。每年春天大地刚解冻，孩子们就开始提前发出警告，提醒我们他们今年不会去拔草。我微笑回应，然后告诉他们我们家族不是民主派（即拔草这事不容商量）。如果我的孩子们能连续除草几小时，我知道他们就能完成家庭作业，能学会乐器，能帮助邻居，也能专注于学习合唱和练习篮球。

平凡的工作具有魔力，它能帮你去除生活中的个人主义想法。在我们弯腰劳动时，还有一件崇高的事情是：我们能保持精神的、情感的和生理的灵敏度。这点对那些经历失业和经济困难的人来说很有用处。比如说，当有人失业了，他们希望找一份新的同等职责和收入水平的工作。如果找不到怎么办？有些人无法面对，就颓废下去了。如果你保持谦逊，你就会愿意妥协去做些可以做的事情。就像我的一个职场经验丰富的朋友，他也不得不为了养家糊口而去沃尔玛摆货架。从个人感情上来看，他很受挫。但是因为谦逊，他自我恢复了。最终，他找到了更好的工作。正是通过谦逊，他愿意忍住傲娇，走出了财务困境，取得了最后的成功。

收益递减定律

我有一个从事竞技表演的牛仔朋友，如果他获胜了，他就会穿上一副巨大的皮带扣回家。我想不通为何有人喜欢穿上一副这么硬的东西，不过不要搞错了，这可是众人都渴望得到的。拿破仑有句格言经常被人引用："士兵会为了获得彩带而长期艰苦奋斗。"所以，牛仔也会为了赢得这些庞大的皮带扣而更加艰苦拼搏。

有许多研究机构强调了外部动机的短时性。我们知道报酬能够产生动力，所以我们有时设想通过更多的报酬，来获得更强的动力。事实并不是这样，当它达到饱和点后，它就遵循收益递减定律。获得一些牛仔皮带扣或许很好，但是多了你就只会把它们放在抽屉里了。所以，怎样通过合适的手段来产生适宜的动力？下面列举了一些建议。

避免超过预期的成就。成就动机不能与高成就需求紊乱混为一谈，高成就需求紊乱指的是某些人的不良嗜好。对于那些染上这类弊病的人，成就不能带来正常的报酬，而是"完成任务后的如释重负"，正如作家基姆·吉拉德所说的，"然后，他们马上转移到下一项任务清单。他们（不同个体）不会长时间享受成功的乐趣……这造成了一个恶性循环，他们感到无足轻重或者没有目标，还有就是单调乏味——甚至整个人生和职业生涯都是如此。"[14] 这种循环是基于错误的成功，它会带来严重的失衡。

成功可能成为一种非常自私的活动，这类活动由自我和不安全感驱使，其行为人都执迷于打造一份成功的简历来作为表现自己的方式。在这类实例中，它与动机毫不相关。

成功是一种道德义务。"最终阶段"的领导者会发挥自己的天赋和潜力，追求个人的乐趣、满足感，并且为他人服务。

避免特权。有条格言说：如果你想拥有你未曾有过的东西，你就必须做你未曾做过的事情。我们的社会中有很多的特权情况存在。很多人喜欢休闲不喜工作，喜欢安全不喜冒险。特权是低期望值的欺骗。它是一种背叛行为，使你相信可以在违反工作原则的前提下，依然能做成有价值的事情。哈佛大学首任校长戴维·斯达尔·乔丹，清晰地阐明了这点："值得拥有的东西会以符合它价值的东西为代价。"[15] 社会上有一种趋势，使奢侈品变成必需品，又使必需品变成权利。举例来说，我要提醒孩子们的是，拥有智能机的权利并没有写在《人权宣言》里面。特权是对成功的真实原则的仿制，也是对事实的一种颠倒。

另外一种对真正成功的伪装是依赖人脉和文凭，而不顾修养、能力和努力程度。如果你不想奉献，你就会很轻易被通向成功的其他路径所诱惑。这种错误的思想会导致道德不端行为的发生，你很容易就玷污了双手，或是加入某种邪恶联盟，而并非远离它们去拼命朝着目标前进。一旦滋生了特权的种子，你就会抛弃首创精神和雄心壮志。你就开始告诉自己：努力并不是成功的来源；于是，你转而寻求其他替代方式。

如何练就谦和的领导风格

在谦逊领导者的交流模式中，他们看重理解。他们坚决果断，会鲜明地提出主张并激励他人，但是他们的做法不同——他们这样做的时候并不想刻意引起别人的关注。

遗憾的是，我们太多的人所受的教育是，为了保持领先我们需要执着于个人品牌的爱护和保持，以及培养不易捉摸的品质，人们称之为"高贵气质"。这些思想对个人、组织和领导力的概念带来了难以言说的伤害。有个例子说明了如何达到这种令人敬畏的罕见状态："高贵气质"涉及掌控全场的能力，优雅庄重的举止，说话口气的权威性，个人魅力的展示，以及其他风格的表现等。

这些特征值得称赞，但它们并不是必需的。如果你做不到举止优雅或镇定自若怎么办？如果你不会模仿电视里的典型人物，不喜欢交际，坦白说也不善于公众场合演讲，那怎么办？难道你就可能当不了领导吗？

尤其在商业领域，我们倾向于崇拜那些有着高超舞台技术和华丽演说能力的人，而忽视了更重要的意向。这就出现了一个悖论：我见过有些说话生硬、表达混乱、人际交往显得很笨拙的领导者，却能够很成功地与别人有效交流——这并不是因为他们是很好的交流者，而是因为他们出于深切而明显的为他人着想的特质，直接说到了倾听者的需要。另一方面，我也见过有些心思透亮，很有天分的领导者，但是他们一开口别人就要昏昏欲睡。

当我们想到领导力，我们可能过分看重技能。我们认为技能不过关的事，实际上可能是更深层次的——意向层面的问题。这里的启示简单却又深奥：如果你缺乏谦逊品质，那么所有的技能提升都没实际意义，不过是粉饰门面而已。如果你的最初意向只是想得到称赞而不是被人理解的话，那你就本末倒置了，再多的技能也解决不了问题。其根本原因在于错误的矫正行为，而技巧和风格都起不了作用。对此，我有以下几条建议与你分享：

以赠予者的身份出现。当你靠近别人并与之交流的时候，先预估一下你的个人意向。你是否只关注自己？如果你不受利己主义思想牵绊，那你的信息会传递更快，也更能打动你领导的那些人的心灵和思想。你就会有更多的社会资本可供消费，因为你是通过激励别人而得到了更多收获，而不是一味炫耀。

主动走近别人。别总让人来到你的跟前，而是你走出去从认知、情感和文化上了解别人，[16] 深刻反省一下他们关心什么。这样，你就能扩大你的活动圈子和影响范围，因为你提前行动了，因而也能更直接就别人的问题发表意见或者提出质疑。

弱化自己的重要性。尤其是在你有一个很重要的头衔之时，弱化自己，不是在职务和责任上，而是在重要性上弱化。换句话说，对于那些在内容和表达方式上面，没必要引起别人注意，也无须关注实际意思的话语，要降低其重要性。对于那些努力寻求改变自己，想从只注重个人品牌的管理者转为更好的领导者的那些人来说，这是一剂猛药。与其为了保持个人形象而担忧，倒不如减少曝光率。你的形象会反映在你从事的工作中——这份工作需要你在下属中所累积的信任和信心来助力。

使用简单的表达。简单的表达指的是不用翻译就能够理解的词汇和短语。对于受过良好教育却又不自信的领导者，他们有一种不自觉地用技术和商业术语来表现自己的冲动，使用简单的表达是一项特殊的挑战。举例来说，如果你说"如果我们共同努力，我们就能取得更好的成绩"，而不是说"如果我们通过协同努力来发挥大家的协作效应，这个效应的增加值会使我们变得更加成功"，这样，它就能够建立更多理智上的理解和情感上的支持。因为后面一句话有过多的商业术语。使用简单表达的目的是使你无论是内容上还是在意图上都不至于被误解。

再次强调一下，努力去训练，调整，行动起来吧。曾任通用电气CEO

的杰克·韦尔奇说得很好："自信的人不需要过分复杂，也无须冒充商界老手。自信的领导者只做简单的计划，说简单的话，但有着远大的理想和清晰的目标。"[17]

本章要点总结

谦逊是一种接受自己有依赖性和无知性这一事实的能力。

反思和成长，而不要逃避或自傲。

用谦逊品质净化自身意向，用更高的可信度、说服力和关爱去影响他人。

避免傲慢及其产生的"现实扭曲力场"。

形成对坦率的高容忍度，并且在文化修养上逐步提升。

做好犯错准备。愿意忘却和改变。

努力达到"最终的信心阶段"，抛弃对自己的成见。

从事平凡的工作，保持踏实和谦逊，同时鼓励别人也这么做。

避免落入过度成功的陷阱，避免产生特权。

与人交流时希望被理解，而不是吸引注意力。

CHAPTER3
第三章　有责任有担当你才能够服众

什么是责任？你能简单地说出责任所蕴含的深层含义吗？成为管理者，就是要承担更多的责任，面对更多的挑战，你能够坚守自己的责任吗？

幸福的真谛在于穿自己的拖鞋，知道自己的身份，满意自己的形象，拥有家庭，拥有天分，以及拥有自身的不完美。

如果你坚持认为你的拖鞋不属于你，然后你拼命找寻，变得万分痛苦，总是感觉你应该得到更多。那么，不仅我们做过的，连我们没做过的，都成了我们的命运。

——引自《双生石》（2009 年版），
作者亚伯拉罕·维盖瑟（1955—），
医生，斯坦福大学药学教授，作家。

你如何面对责任

身为领导者，必须坚守自己的责任。跟我一起回溯到 1783 年，我给你们介绍一位那个时代最富有责任心的人。

在一个寒冷的十二月，你正站在拥挤的公众旁听席里面。突然，你看到一个形象威严的人走了进来。大家都安静下来，这个威严的人物鞠了一躬，做了一个简短的演讲。然后，他从军大衣里面拿出一份文件，交给了长官。接着，他转过脸庞，面对大家哭红的双眼和泪湿的面颊。他再次鞠躬，挥手告别，然后骑着马回家与家人共享圣诞大餐。

故事地点？马里兰州安纳波利斯。故事背景？美国国会。人物呢？乔治·华盛顿将军。刚刚发生了什么？你见证了人类史上最激动人心的关于责任的表现之一。这位地球上权力最大的人物，走进房间——六年来，他每天鞭策着这个新生的国家，领导着一群衣衫破旧的士兵，与当时实力最强大的敌人进行着斗争，最后取得了胜利（美国独立战争）。在两个世纪以前的那个特殊的日子里，萦绕于每个人脑中的问题是：这个人接下来会干什么？他接下来该干什么？

事实上，这位将军掌握着绝对权力。如果他想做这个新国家的国王，这是件很自然的事情，这也是那时候每个人都希望他做的。他完全可以戴上王冠，登上王位。但是，这位安静的备选者，来自弗吉尼亚的高大农民，却做了件令人惊讶的事情：他转身离去了。在这个首开先河而影响至今的行为中，这位时代的巨人坚守了自己的责任。相比于滥用权力，他自愿放下最高统帅的职位。他震惊了世界，然后返回了家园。你能想象他骑马奔向芒特弗农山庄的情形吗？他甚至都不愿接受在战争期间服役的酬劳，只是报销了自己的费用。

通过这段小插曲及他生平其他事件，华盛顿教导我们：领导力讨论的并不是如何做领导者，也不是如何培养国王。实际上，它主要涉及的是安静而平凡的，或是紧张而激烈的人类生活，处处闪现着英雄事迹。同时，它也谈到人要为自己的行为负责。

在他的英勇壮举中，这位将军曾经跨越特拉华河，奇袭新泽西州首府特伦顿的要塞。他也一路犯过致命的错误，[1]但他从不放弃。最后，他率军包围了英国人据守的约克城，查尔斯·康沃利斯将军被迫投降。但是，大多数时间里，他却是在花时间做着一些并不显得很有英雄气息的事情，比如让士兵们吃饱穿暖，劝他们坚守阵地等。

但是，总会有很多荒唐事发生。许多领导出现行为不端，因为他们认为自己没必要为任何人负责。他们不愿服务别人，只想着服务自己。古希腊戏剧家索福克勒斯的话直击要害，他说：

凡人之思想或心性，

他人万难获知，

试之以要职则显现无疑。

故曰：权力昭示人心。[2]

　　如果你在拥有权力之时依然能够坚守责任，那么，你就能通过考验，这种考验只有少数德行优良的人才能过关。

　　斯坦福大学教授杰弗里·菲福尔解释了权力是如何让人失去责任意识的。"研究表明，"他说，"拥有更多权力的人会更少注意别人。他们表现出更多的自我行为导向，追求自身目标，在某种程度上表现出不受约束的行为，因为他们觉得规则不适用于他们，觉得自己很特别，表现无懈可击。"[3]

　　像华盛顿一样，所有伟大的领导者都具有很强的责任感。他们私下会自我纠正，哪怕其他人不会这么做。怎样做到这点？首先，你必须消除人们经常表现出的三项基本的注意力转移模式（参见图 3.1）。

　　图 3.1　注意力转移模式

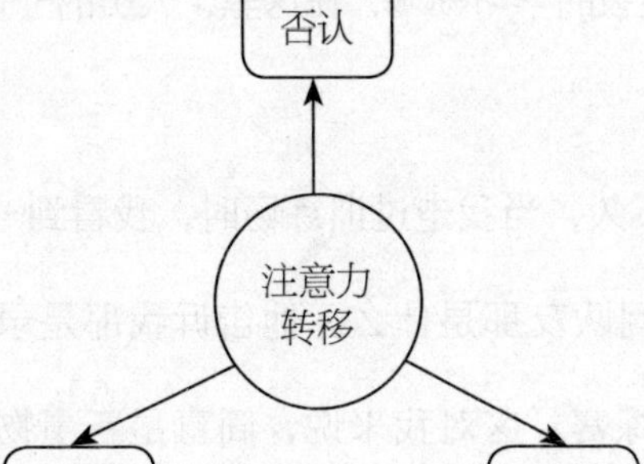

■ **否认**　否认是指拒绝承认事实的行为。

■ **推诿**　推诿是指把责任转移给其他人或其他事。

■ **借口**　借口是指把自己的行为归因于超出个人控制的事情，从而给自己找合理的理由，以此减轻自己的责任。

注意力转移的三种模式有一个共同的特点：都试图避开责任。他们都有逃避的企图。注意力转移也限制了进步。如果你转移了注意力，你也被困住了；如果你坚守自己的责任，你就向前迈进。

高中过后，我获得了全美大学生体育联盟（NCAA）足球奖学金，进入杨百翰大学学习。能够参加第一级别赛事令人兴奋，但是摆在面前的是让我疲惫不堪的赛程。当我到达学校参加夏令营的时候，根本没想到在接下来的30多天里，我都在挥汗如雨中度过。更可怕的是，我后来才知道自己将要学习高年级的应用物理课程，它与理论物理学是完全不同的。于是，我想到了牛顿第二运动定律：

$$力 = 质量 \times 加速度$$

我进入了百万吨级的学习领域，在这里，人类的一切运转得更快，碰撞得更加激烈。

就在我报到后不久，当我走过训练场时，我看到一座钢结构的高塔。我充满了好奇，询问队友那是什么。他告诉我那是录像塔，还介绍说学校会用它来拍摄训练赛。这对我来说，简直是新事物，因为在高中时，学校会拍摄正式比赛，但是训练赛绝对不会。大概两周之后，当我和其他防守球员一起坐在会议室里时，教练责备我在先前的训练赛中漏防了进攻球员。

"克拉克，你漏防了三次。你不能让进攻球员过掉你，你必须将球解围掉，守住角旗区。"

"但是，教练，"我抗议道，"我只是漏防了一次啊！"

突然，大家安静下来，都转头看着我。我看到了教练犀利的眼神，他用七个字说出了一句具有预言意味的话来："天眼从不会说谎。"然后，他转向会议室前面的白色幕布，用遥控按下了播放键。通过色彩鲜明的录像，无论是在会议室里，还是在录像中的球员看来，克拉克这个菜鸟的漏防情况——不是一次，不是两次，而的的确确是三次！

那次经历给我留下了很深的印象。有些活动是在完全透明的环境中进行的，足球就是其中一例。不过遗憾的是，领导力不是这样，因此，领导力的提升之路和自我导向的责任坚守都会很痛苦。领导力的实践大多是在生活中进行，我们很容易转移注意力。商业如此，政治更是如此。不让所有人看清，掩盖因果关系，以及不做回应——总之，缺乏透明度，助长了否认、推诿和借口这三种注意力转移模式发生的趋势。如果执行环境是透明的，你就无法这么做。那么，"逃避"的概念便不复存在。

我很感激那个有决定意义的一天，我不得不戒除虚张声势，戒除我的不安与幻想，同时我也被迫真实地面对自己的表现。这是一节无价的人生课程。在许多情况下，我们看到领导者成功了，那是因为我们没看到他们的失败，那里没有"天眼"。他们说的有些事情并没有真实发生，或者他们只是掩盖了自身的错误和不足，把自己隐藏在组织内部。许多人都想通过逃避来侥幸摆脱困扰。他们躲进组织之中，借由工作安稳度、职位之利，以及组织管理的复杂性和模糊性，而得以过着受庇护的生活。我们需要记住的是，我们所有人都负有责任，即使没人会按下播放键或者打开照明灯[①]。但是，伟大的领导者会这么做。他们会坚守自己的责任，在黑暗处更是如此。

个人责任的进程

如果你想坚守自己的责任，你自然会发现，你将沿着三个级别的个人责任标准进发：任务，项目 / 进程，结果（参见图 3.2）。

图 3.2　责任的三个级别

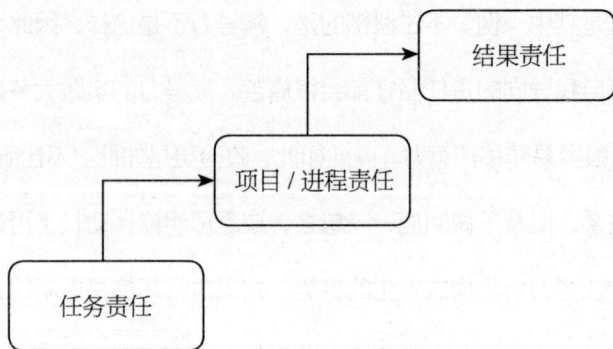

任务责任

责任的第一级别是任务级别。当我指派我的儿子本去割草的时候，我就在给他一个任务——一项基本的、具体的、可分割的工作单位。所有我们在做的事情，都是在"做"这个层面的任务。这是一个做好事情以及面对生活的任务级别。如果你能够完成当前最重要的任务，你就成功了。每周你会怎

---

① 这里是指犯错时有人提醒——译者注。

么过？差不多都是一样的模式。那每个月或者每年呢？也是一样的。日子从不变化。你可以试着在一个更宽泛的范围和更高的层次上来考虑和计划，但是当下你只需从任务级别做起。它是成为成功人士的基本课程。

项目 / 进程责任

当你持续证明了自己在完成任务级别的责任的能力时，你就可以进入项目 / 进程级别了——这一级别是指在特定范围、时间、系数和目标的限制下完成一系列任务的能力。项目是指一组有具体目标的任务，自始至终都是如此。进程是指把一连串任务有计划地安排在一起，以达成一项需重复操作的目标。比如现在我对我儿子本说："先割草，再修剪，然后浇水，施肥。"这样，本就同时承担了更多的责任和自主权。风险和回报同时上升，只有这样，本才能进步。

结果责任

现在到了该转型和迎接大考的时候了：接受结果责任。在这一级别，我们不限定任务、工具或进程。我们只简单说一句："这就是我们要的结果。"譬如，我会对本这么说："本，我想要的是修剪过草地的园子，你想办法去做吧！"如果你想发挥全部潜力成为领导者，你就要勇敢肩负起结果责任。这是达到最高级别责任的最后一步。结果责任能够点石成金，因为它能完全发挥个人的自主权、创造力和独立性。它能释放巨大的力量，因为你自己掌控进程。如果你必须自己想办法做事情，那你就会接受结果的内在责任。你能够自己解决。

"社会科学家认为，"心理学教授罗伯特·恰尔蒂尼写道，"当我们觉得我们选择做的事没有强大的外部压力时，我们会接受行为的内在责任。"[4]

"开始"与"完成"

责任意味着完成，开始去做则是简单的部分。开始一件事情很容易：开始锻炼，开始上学，开始早起，开始更好表现，等等。开始服务别人或者真正听从别人是很容易的——至少，做一天很容易。但是第二天再做就难了。除非你能将这些变化彻底融入自己的行为中，否则你的坚持会越来越难。

因为情感的保质期很短，所以"完成"往往都变成了应付。环顾周围，你很快就能发现，很多人做的很多事情都是虎头蛇尾。由于错误开始而造成失败结果的人们和他们所建立的组织随处可见。在统计学中，我们把它叫作"趋均值回归"，它代表最主要的失败类型（参见图3.3）。

图3.3　趋均值回归图示

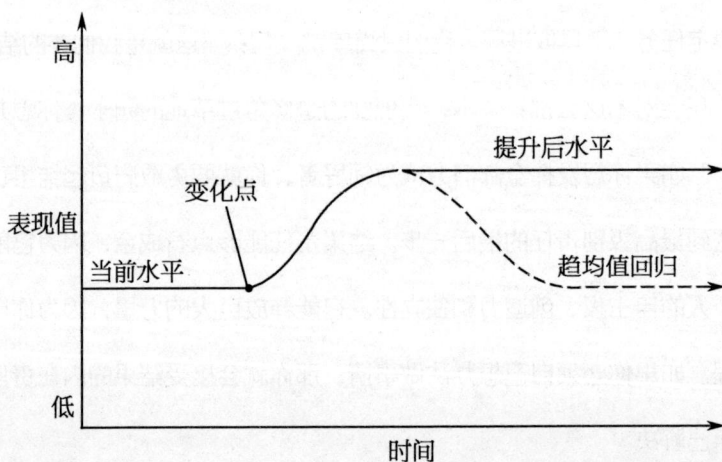

但是即使狼藉一片我们也能够看到曙光。很明显，我们只是太早放开方向盘了。我们宣布胜利或者变得疲惫、厌倦、心烦意乱，然后又回归如初。就这样重蹈覆辙。有时候，我们从失败中有所获得，但是通常需要花些时间之后，才能真正发现成为终结者的意愿和纪律要求，如何担当责任，以及如何坚持走得更远。任务的完成来自内心。当灯火渐暗人群终散，你只是孤身一人而已。而这，就是"完成"的意义——孤独无名，在黑暗之中仍然坚守个人责任。如果你只想要赞美和认可，那么"完成"对你来说很艰难。

当你能够找到更好的伙伴，开始全新的生活，为什么要"完成"呢?

想想在组织里完成任务的情景吧，想想会诱使领导者提前认输的措施吧。"开始"很有趣——它是即时满足之所在，它也是大多数团队不断优化的原因。而"完成"则不同。"完成"是陡坡，是孤独之路，是漫长而艰辛的旅程。任务的完成大多是默默无闻的，初期激励带来的刺激慢慢散去，做事的激情也已褪去，它逐渐变成了磨洋工，没人会在意它。最终，我们会把出现的最好的势头当作任务完成的表现，认为我们已经完成了。这样的过程其实就是一次趋均值回归。

有个典型事例是安装新的电脑软件系统。A 公司要求全公司应用一个新的电脑系统，经理们给每个人都做了培训。头几周的时候，员工们使用新系统很痛苦纠结。因为系统是新的，人们不熟悉，另外还有漏洞存在。员工们按要求做了，但并不意味他们会喜欢或接受，如果有其他选择他们也未必会选择它，他们只是行为上照做了。当然了，几周之后每个人都还是换回了原来的系统，更新软件的美好初衷变成了昂贵的沉没成本。领导者并未坚持下去，他们放开了方向盘，从而导致了这一失败。在这一过程中，他们未能俘获人心，人们也从未对他们予以信任。

怎样才能成为强大的终结者呢？它要求个人忍受计划被打乱的能力要强于对及时行乐的欲求。完成任务是为了努力获取高回报。它是不是听着像社会所提倡的观点？那只是问题的一部分。我们的流行文化日益责备和蔑视以"完成"为导向的价值观，而日渐对以"开始"为导向的价值观怀有粗俗而自恋般的崇拜。社会似乎在教导我们更少关注"完成"，不过，所有人类的显著成就却都是"完成"导向下的壮举。

"福利"如何不变成"应得"

另一项关于责任的巨大谎言是：你的个人选择是隐秘的。告诉我一个私人选择没在人际交往中被透露而最终公开化的例子吧。这可能需要点时间，我们要跟踪一下第一、第二，以及第三，但最终的结果还是会被公开。甘地说："逃避个人行为所带来的后果是错误和不道德的。"[5] 但是，你能真正逃避得了吗？

举个关于性行为不检点的例子。青少年时期，我读到历史学家威尔和阿里尔·杜兰特的论述，它很有道理："一个荷尔蒙分泌旺盛的年轻人会疑惑，为何他不能在性欲上完全自由？如果他不被习俗、道德或法律约束，他可能会在自身足够成熟之前毁了自己的生活。而他还没能理解，性欲就是火焰之河，如果要使得它在个人和集体之间都不被胡乱消费，就必须用诸多的限制来筑堤防护以平息欲火。"[6]

大卫·彼得雷乌斯，这位美国指挥官承认了自己的性丑闻，在被起诉性行为不当之前辞去职务。[7]他曾是一位四星上将，也是中情局长官，是美国最高机密信息的掌管人。他曾宣誓要坚不可摧，清正廉洁，就像诺克斯堡①一样。但他忘了，职务象征着对自己、对别人和对我们共享的其他资源的道德责任。从本质上来说，领导力会对工作职务和个人利益的关系形成压力。当这两者产生冲突，我们把它叫作道德困境。

把工作职务置于个人利益之上，是一种负责任行为。而把个人利益置于工作职务之上，则是无视责任的表现。每个犯过道德不端行为的领导者，在一定程度上都抛弃了自己的角色，损害了自己作为领导者该做的贡献。

无视责任的危险之处在于，性行为不端会引起判断力受损，判断力受损会导致糟糕的决定。如果一位领导者出现性行为不端，他在情感上会有妥协，替别人做决定的能力也会下降。正如作家威廉·麦古恩评论的："性亲密不仅是一种生理行为，它还涉及实践认知，而非道德判断。它会导致情感纠葛，让甚至最明智的人都会陷入粗心大意和不负责任的境地。"[8]一旦领导者以这种方式抛弃个人责任，他就远离了谦逊，而谦逊则是均衡而明智的判断不可或缺的。

----

① 美国肯塔基州北部路易斯维尔南西南军用地，自1936年以来为联邦政府黄金储备的贮存处，这里用它引申安全牢固，坚不可摧——译者注。

　　当然了，并不是每个人都同意我的观点。新闻记者和作家丹尼尔·格罗斯提出了一个更加精于世故的观点，他认为美德并不时尚。"精英人士，"他宣称，"一般都觉得婚姻是复杂的，事实也的确如此。作为惯例，许多顶级专业人员或自己承认，或被当场抓获有通奸行为。这被认为是人们的弱点和失败点——他们并非因不合格或者其他原因而被迫离职。"[9]那么，在这类领导者的"精英"行为后，你是否仍然不顾一切信任他们呢？这就是我的想法。不忠行为等同于缺乏责任，这并不仅仅是一种古板的清教徒式的观点。它只会是更大的冒险，因为接下来的判断失误会影响你我。有些人在区别对待自己的不同生活方式方面做得很好，但是最终私人选择还是会被公开化。

　　如果你在个人生活方面的判断力很差，比如说性行为不检点，你就很容易受到别人不适当的影响。更糟糕的是，如果你继续表现不端，会发生什么？很可能直到你被抓个现行，你才会罢手。然后，你感到后悔——但不是为你所做的行为后悔。如果你没被抓住，你就会缺乏判断力，直到被抓。就像纽约州前州长艾略特·斯皮策，因嫖妓被抓；南卡罗来纳前州长马克·桑福德，因跑去阿根廷与情人幽会被抓；前总统候选人约翰·爱德华兹，他的副手使助选人员怀孕而被追责。

　　关于这种缺乏责任的经典案例是拿破仑，他曾经说："我没有咨询任何人的意见而取得了胜利。如果我需要遵循别人的观念去做的话，可能是没有什么好处的。"[10]

小时候，我看到奶奶打开一块装着人造黄油的锡纸包，她用黄油刀把纸包刮干净，然后把它折起来存着。她也会把捆报纸的橡皮筋拿下来，然后存在盒子里。这是在大萧条后的困难期，现实中的物品稀缺让她必须珍视所有的东西。因此，在我们做完杂务后，她带我去吃过甜筒的次数屈指可数。正因为这例外几次，所以我很怀念它。

在我的职业生涯早期，我供职的公司会在感恩节时期赠送每位员工一只火鸡。这是一个受人欢迎并长期坚持的传统。有一年，由于经济每况愈下，公司决定不发火鸡了。从当时员工们爆发出的愤怒来看，你可能认为他们是被无故开除了。他们为不公而片面的决定提出抗议，认为管理者剥夺了他们的正当的应得权益。

那次经历教会了我一条重要的领导力原理：两只火鸡原则。一只火鸡是礼物，两只火鸡是应得权益。这条原理承认了一个不幸的事实，那就是一直给予的东西也一直被期待。

《独立宣言》中说，美国公民有生活、自由和追求幸福的权利。请注意，生活和自由是权利，而幸福不是，"追求"幸福才是权利。幸福是一种机会，但并不是保证。这种区分很关键。许多时候，应得权益是责任的对立面。它不会给你要为自己的选择负责的感觉，而是觉得得到了豁免。

有三个概念彼此不同却又十分相关：特权，应得权益和权利。根据我们的一般文化常识判断，"应得权益"多于"特权"而少于"权利"，它居于中间位置。你可以说：根据习俗、传统或先例，你应该得到火鸡。但你不能说：根据道德准则或自然权利，你有权得到火鸡。但是，即使这种逻辑无法实现。当人们想要火鸡而得不到满足时，他们根本无心去做道德推理，他们只是想要火鸡而已。我竟没认识到，人们什么时候变得这样热衷于冰冻禽肉，而同时却无视个人责任感的。

在另外一个组织里，我看到一位经理连续两个周五为他的员工们买午餐。接下来的周五，他的员工午餐时就站在他的门外，满怀期待地等着他给予新的福利。其实，这种行为产生的条件只出现过两次。当我们奖励别人时，我们原本想提高士气，结果反而破坏了士气。我们想要给予奖励，然后却最终要面对"赶走他们"的境地。我们没能通过失败的痛苦吸取教训。所以，你要自问一下：我是否感激，或是否感觉无愧于生命中的祝福、特权以及机遇？这些问题的答案是对你个人责任的最好的评估标准。

本章要点总结

认识自身的责任，即使在黑暗处依然坚守。

检视自己，避免三种主要的注意力转移方式：否认，推诿，借口。

牢记逃避是一种错误的观念。

责任的进程是由任务责任转移到项目／进程责任，然后上升至结果责任。

小心地完成已经开始的事情，避免错误的开端以及趋均值回归。

将工作职责置于个人利益之上。

永远牢记私人选择最终会被公开化。

区分特权、应得利益和权利的不同。抵制住觉得权利是理所当然的这一想法的诱惑。

CHAPTER4
第四章　你的勇气代表了团队的信心

管理团队时，你是勇于承认自己的决策失误，还是将过错推到他人身上？你敢在不断变化的市场环境下做出改变吗？你带团队的方式是怎样的？当你的团队出现问题时，你能够积极解决吗？你的勇气不仅仅要用来面对外界的压力，更需要用来正视自身。坦然面对自我，才能更好地管理团队！

无论是在公共场合，还是在私密生活里，不因广受欢迎而盲从任何人任何事；也不因不得人心或备受指摘而想当然地逃避任何人任何事。

但是，一定远离寄生虫和利己者，勇敢坚守自己的信念。

——引自西蒙·维拉德少校给孩子的一封信。
西蒙·维拉德（1606—1676），
英国陆军少校，政治家，地方行政长官。

领导力和勇气量级

美国海军陆战队的手册中是这样定义勇气的："一种道德的、精神的以及身体的能量，它足以抵抗敌人，面对危险以及承受艰难。"[1]它听起来是不是更像领导力或者管理学之类的？领导力比管理学要求更大量级的勇气。

批判领导者总会比批判管理者要容易。为什么呢？因为领导者需要更多的勇气去承担更多的风险，这会导致更多的"非受迫性失误"。领导力是比管理学更残酷的"游戏"。领导者背负着创新的压力。不同的是，管理者背负的是维持组织正常运行的重担。所以，在严格意义上，领导者是创造者，而管理者是守护者。

你能做一个不是领导者的管理者吗？当然，每个组织都需要伟大的管理者。管理者保持各项事务正常运行，领导者创造他们运行的东西。即使你缺乏管理技能，通过与一群优秀的管理者共事，仍然能取得成功。但是，反过来是否可以呢？你能让一位伟大的管理者来领导一群伟大的领导者，然后取得成功吗？不可能！领导者可以弥补管理能力的不足，但是，管理者却无法弥补领导力的缺乏。这其中，勇气起着关键作用。

作家兼教授休·尼布理认为："领导者的影响力举足轻重，富有独创性、创造力和不可预知性。他们还充满想象力，在战场上能够出其不意攻敌不备，在办公楼里能够突发奇想打破沉寂。管理者则可靠、保守，也可被预测。他们是合格的组织人员和队友，甘愿为组织奉献。"[2]

当然，这些差别有些夸大的成分，现实世界中不会有这么明显的分工，你必须两样都做。但是，领导力需要的进取心、态度和心理能力是不一样的。领导者创造未来，管理者保障现在。勇气的情况是完全不同的。在此，我列举一下领导能力和管理能力行为准则中20种角色方面的不同（参见图4.1）。

图 4.1　领导能力与管理能力的角色差异

领导能力	管理能力
促进	维持
创造	复制
明天	今天
愿景	计划
战略层面	战术层面
定义性的目标	执行性的目标
长期	短期
可能性	事实
无剧本	有剧本
不安分的	保守的
不均衡	均衡
高风险	低风险
问题	答案
人	事
心灵	头脑
影响	控制
激励	指导
意义性	结构性
承诺	依从
语境	内容

作为不同的研究课题，领导能力和管理能力相互补充，却又相互对立。它们互相依存却不能互相替换。它们代表的是不同的角色，但却是同样的人群。你无法只要其一而忽视另一项。你必须根据需求与形势来考量，以合适的比例综合二者。我并不是在贬低管理能力，而只是想强调领导力是一种更大胆、更冒险、也更易受伤害的角色，成为领导者需要更大的勇气。

想想作为领导者要做的事情。他们被聘请来保持竞争优势，这种优势本质上又难以长久保持。他们还需要维持稳定的现状。管理者维护稳定，领导者难于安分；管理者照本宣科，领导者创造剧本；管理者处理眼前事，领导者关注可能性；管理者创造今天的价值，领导者创造未来的价值；管理者靠他人的服从来保证运营，领导者只以他人的追随来成事。

1861 年 2 月 11 日，一个穿着燕尾服戴着大礼帽的瘦高男人，转向伊利诺伊州斯普林菲尔德市的市民。他即将登上列车，去往首府华盛顿就任美国总统。

亚伯拉罕·林肯，用他颤抖的声音说道：

我在这儿住了 25 年，从一个小伙子变成了老年人。我的孩子们出生在这里，有一个还埋葬在这里。现在我将离开，我将承担比当年华盛顿更大的任务，我不知道何时，甚至是否还能回来。如果没有神圣的上帝的帮助，我不会成功，上帝也曾经帮助过华盛顿。正是这种帮助，使我免于失败。请始终信任，上帝会与我同在，与你们同在，也永远无处不在。让我们满怀信心，希望所有的都会变好。我将你们托付于上帝的关怀，我也希望你们为我祈祷。

在此，我向你们深情告别！[3]

林肯的离开不是为了管理国家，而是领导国家。当我们展开领导能力和管理能力的相对宽度轮廓图时，我们可以清晰地看见，勇气更直接地反应在领导能力这边。

不断尝试的勇气

当年我在牛津大学攻读博士学位，经过五年苦学，准备参加毕业论文答辩。我觉得它仅仅是个仪式。实际上，我的导师告诉我要享受这次经历。他告诉我："这只是个形式，例行公事而已。"可是，当我那天走出纳菲尔德学院，迎接我的是糟糕的英国天气。我打电话给远在美国的妻子特蕾西，告诉她我并没有通过答辩。这并不在我的意料之中，我感到心烦意乱。

幸运的是，特蕾西从容地接受了这个事实，让我回去工作。我重拾勇气与决心，终于在第二年顺利过关。我最终的成功与原本的智力没什么关系，而更多的是靠勇气。我认为绝大多数情况下都是如此。在这里，有勇气并不是说非要去做探测月球之类的事情，而是指有勇气早起并一天天坚持下去之类的小事，不用安慰性的借口给自己找台阶下。

斯坦福大学心理学家卡罗尔·德韦克从她的研究中得出结论："学生的能力或智力与以成功为导向的职业发展没有必然的关系。有些最聪明的学生会逃避挑战，不喜欢努力，面对困难愁眉不展。而有些不那么聪明的学生则是真正的实践家，他们面对挑战能超常表现，当事情困难时能始终坚持，最后也会取得出人意料的成绩。"[4] 勇气是一种耐力形式，它激励我们向前。因为勇气，我们变得更愿意保持自律，也更能忍受现阶段的压力或"损失"，以期获得更大的回报。

有一次，我在华盛顿与一位来自埃塞俄比亚的汽车司机聊了起来。他很高兴地告诉我，他最近成了美国公民。"这是我的国家。"他自豪地说道。然后他说了他的故事。他八年前来美国，身无分文，无家可归，没有工作也没有学历。他唯一拥有的是不太流利的英语口语。

自打来美国后，他就四处碰壁。他转向我，说道："我刚拿到了大学学位。"事实的真相是，他每学期都会利用晚上的时间，学习一到两门课程，而白天的时间都出去开车挣钱。他已经结了婚，有了一个两岁的儿子。在我眼前的，是一个经常开着一辆破旧的维多利亚王冠汽车的小伙子，这辆车应该是给肾脏基金会的捐赠品。每天，他顶着闷热的天气，载着脾气暴躁的乘客东奔西跑，车载空调质量还很差——但他一直保持微笑，并告诉我美国现在是他的国家了。从这次经历中，我再次认识到，我们的潜力都未被完全发挥出来，它需要勇气去挖掘。海曼·G. 里科弗上将说过："人类都有巨大的能力去做出努力。事实上，这种能力远远超出我们的想象，但只有极少人展现出来。"[5]

无论你的出身是特权围绕还是劣势相伴，个人以及职业生涯中最大的局限都来自你自己。发挥潜力需要付出勇气，畏惧意味着你感到害怕，冷漠则表示你毫不在意。它们是完全不同的东西。你可以帮助那些缺乏勇气但是愿意付出努力的人。就像我的埃塞俄比亚朋友想到自己可以去上大学，而太多的人在面对如此大的挑战的时候会犹豫不决。他们并没有多少成功的经历来证实自身的潜力。取得小的成功对于积累勇气和信心而言，耗时甚久。诗人 T. S. 艾略特写道："只有那些敢于冒很大风险的人，才有可能发现自己到底能够走多远。"[6]

倾听的力量

倾听，需要勇气。对别人的意见提出正当的拒绝理由更需要勇气。伟大的领导者希望别人提出质疑，希望别人告诉他们为何有些事情无法做到。比尔·盖茨在他担任微软总裁的最后一天演讲时说道："当我们错过一次大变革，没能从变革中造就人才的时候，这对我们就是最大的危机。"[7]你是如何错过大变革的呢？微软确实错过了一些大变革，包括付费搜索和手机生产。也许这些经历对于盖茨成长为领导者是不可或缺的部分。有趣的是，微软现任 CEO 萨提亚·纳德拉谈到盖茨时说："你可以反驳他，他会跟你激烈地争论几分钟。然后，他会先开口承认'你是对的'。"[8]

约翰·钱伯斯曾担任思科公司的 CEO 长达 20 年，他也做出了相似的评论："我最重要的决定是适应变化。在过去的 20 年里，我们经历了五六次重塑，有些是积极的，有些却是痛苦的。我担心错过市场的转型，错过技术的转变，甚至顾客购买方式的变化。但我认为害怕是一种无用的情感，你必须在它明显显现之前做出改变。"[9]你可以培养自己的战略思考技能，更重要的是，你需要得到反馈。你需要对坦率宽容，而这份宽容正是源于谦逊和勇气，它不仅仅是一项技能，更是一种你需要培养的自我意识能力。不然的话，事实会打击我们。正如诗人艾米丽·狄金森用美妙的语言表达的那样：

事实让人慢慢眩晕，

要么每人都在盲目……[10]

乔治·C.马歇尔将军谈到他的导师约翰·J.潘兴（黑杰克）将军时说道："我从没见过有谁能听进去这么多的批评意见……在他那儿，你可以畅所欲言，只要说的都是坦率而有建设性的意见就行。"[11]最近几年，科林·鲍威尔将军，在担任参谋长联席会议主席时，试图证明他同样有勇气倾听意见。当他跟低级别军士谈话时，他说道："我会尽一切所能，让他们觉得我们是在平等地讨论问题。"[12]

简而言之，倾听的勇气是一种竞争优势，而不听意见则是一种限制因素。研究特斯拉公司领导力和文化的作家、教授杰夫·戴尔和他的同事总结道："在一个不确定的环境中学习，要求有承认错误的意愿，提倡快速行动，不能因为害怕犯错而什么都不做。事实上，如果一味想避免犯错，可能会因错失良机而犯下更大的错误。"[13]

为什么倾听如此重要？它能通过不断的对话带来思想碰撞，以激发出更好的观点与想法。分歧是紧张关系的一种自然状态，这是创造性或决断性行为的前奏。想想看你曾经解决过的棘手问题，如果不通过过滤观点提炼出好的见解，你能搞定它们吗？

由于我在不同的行业和社会部门工作过，我能看到不同的倾听模式中的明显差异。举例来说，在那些过度强调等级与规则的组织中，倾听的勇气和对分歧的允许度通常被一系列关于服从的命令所限制，而服从被推崇为最高的组织原则。特别是在基础工业、公共事业、军队及执法机构中，一种谨慎问询和严查分歧的模式十分强大。当风险很高，误差幅度很低时，家长式作风往往会抑制员工的参与热情，继而造成恐惧式的组织氛围，如海洋般沉寂，却又暗流涌动。

在这种组织中，你会看到有人赞许地点头，有人为既定的行动方案不吝赞美，也有人沉默以待。这种模式预示着因害怕惩罚而做出的曲意服从，因漠不关心而达成的假意共识，以及只是说说而已的共同联盟。一旦有人因意见分歧而被惩罚，人们就不再提反对意见了。不过，加入激烈地辩论对每个人来说都是很自然的事情，就像休息和玩乐一样。如果你不允许出现分歧，这非但是不可取的，而且是不人道的。当我们无法说出真实的想法，我们就像在面对回音壁——得到的回应是未经检验的观点，未曾审视的决定，以及未被核查的意见。

我在政府、教育和医疗机构都见过相同的模式，但它们原因不同。在这些机构中，比较流行的文化是，发挥迟缓的责任感优势，而它里面还融进了崇高的使命感。一般来说，人们都很礼貌可亲，但当对待问题和挑战的时候，他们却被要求谦恭一些，不要表现得太直接。

最后，就是技术部门——这种部门的生存是靠创新来维持的。大多数技术类公司的文化基因是活跃的对话和激烈的争论。尽管这些组织的领导者不太欢迎激情和洞见，也极力避免敌对、冲突和争论，但他们是我所见过的最棒的领导者。世界上一些成功的技术型企业，证明了创新的真正孵化器是社会生产系统——即人们交流和解决问题的方式。如果你真正倾听别人的想法，能够忍受并疏导分歧意见，那你就找到了竞争优势的源头。

拥有一种正确提出相反意见的方式，以一种合宜而不拒人于千里之外的方式去倾听别人的意见，是领导者的职责所在。组织处理分歧的方式，是对于组织文化的首要评判标准，也是对于组织绩效的准确预测因子。个人处理分歧的方式，则是对于情感智力的首要评判标准，以及领导潜力的准确预测因子。你认为呢？

究竟需要多大程度的坦诚

我屡次说到，领导者有义务表现出诚实和直率。他们不应该故意使事物看起来更好或者表现出差异，以此来掩饰事实或者误导别人。比如说，1913年，当北极探险家欧内斯特·沙克尔顿在伦敦的一家报纸上打广告的时候，他很坦诚地指出了他想找的同伴会在旅途中所遇到的种种问题。他的广告信息中没有虚假，没有诱惑，不绕弯子，不冠冕堂皇……广告中说道："探险旅行需要招人，工资很低，过程很苦。长期在完全黑暗中穿行，危险不断，甚至是否安全返回都是未知。但是一旦成功了，就会得到荣誉和认可。"[14]

领导力需要你根据不同的背景与现实需求，向别人展示你的坦诚。在领导力的提升过程中，我们经常提到虚心受教的品质。一个高度虚心受教的人会乐意接受反馈。越虚心受教，他或她就越能够接受自身真实的行为表现，越能够提升自己。

　　接受坦诚反馈的能力在很大程度上，是一种对于修养的衡量标准。如果我们能够对自己进行全面而深刻的反省，结果肯定是有利的，但是我们不会这么做。实际上，可以这么说，我们可以这么做，但是不会去做，我们不愿意这样。我们拒绝按照不愿意听的反馈意见来行事。对于不愿面对的真相，我们会选择捂住耳朵唱起歌来回避它们。我们会用否定来避免认知不一致的情况。举例来说，托马斯·杰斐逊在世时总是无法量入为出，他去世后，留给后代巨额的债务。他无法面对现实生活中自己的行为和周围的生活环境。[15]

　　在我的经历中，只有很小一部分人能够持续忍受完全的自我暴露。所以，任何超出个人接受能力范围的坦诚都是一种浪费，或许还会起破坏作用。就像放个牛排在一两岁小孩面前一样——消化不了。所以有个原则是：为了更好地为别人和组织服务，领导者必须考虑坦诚的行为后果。这是有难度的，尤其是在个人表现糟糕，并且缺乏自我意识的时候。

　　我认识一位领导者，他喜欢提醒别人的愚笨。他标榜说这是勇气的品质体现。令他深以为傲的是，他以绝对的坦诚来对待别人，就好像在暗示大多数人都太注重政治利益，过分关注自己，而无法达到他那种公正客观的判断水平。实际上，他并没有显示出什么勇气来。他毫无顾虑地吐出自己的想法。他自私、健忘，给人反馈时还显示出糟糕的判断力。他才是需要全面学习如何坦诚的人，还需要理解其实别人只需要有限坦诚即可。他因自我膨胀而害了自己。

对于坦诚，问题是：人们愿意接受多大程度的坦诚呢？那就需要判断了。如果你有注意过，你就能知道人们什么时候能达到上限，就好比他们吃了一顿丰盛的伙食后，再也不想多吃一口。吃饱的时候，人们会显得过分紧张，表现出防御性。这时候，坦诚就不再管用了，因为它不可行了，越坦诚就越麻烦。另外，没有善意和同情的坦诚是痛苦的，有时候有些残忍，也毫无意义。

作为父母，我们可以在子女身上看到这点；作为教练，我们可以在队员身上看到这点；作为组织的管理者，我们可以从员工身上看到这点；作为夫妻，我们也能从对方身上看到这点……我们总希望对方接受诚实反馈的能力会增长。到最后，每个人都会自己决定是否以及怎样打开心扉，接受事实。那些拥有道德力量的人会敞开心门面对一切，而那些道德力量欠缺的人，则会极力封闭自己。有时候，我们会用严厉的爱来强迫他们放开自己。但即使是这样，能否接受坦诚还得看个人选择，这是我们需要记住的。

最后，尽量避免个人攻击。首先，使别人难堪，贬低或轻视别人都是不对的。其次，个人攻击属于强制力或控制力的工具，它会引起防御，这样别人就更不大可能会接受反馈了。所以，你要用更有效的方式帮助并鼓励那些你想提携的人：如果你不喜欢别人，你是无法有效领导他们的。

粗俗语言 ≠ 勇气

在这里强调粗俗语言似乎很奇怪，但我发现它是勇气的一种可靠的评判标准。找回自己存在感的最大障碍之一是没勇气离开舒适区。我在许多领域看到过旅鼠般的顺从 ① 和令人担忧的缺乏勇气的情况，许多人使用的糟糕的语言表达就属其中之一。大多数人都喜欢追求时尚，而对无休止的思想垃圾让步妥协，宁愿选择这些垃圾，而不是思想财富。

我从小在各种更衣室环境中长大，然后又在重工企业待过好几年，因为人们总不能像闭口不言那样充耳不闻，于是我听到了很多不堪的言语，比黑帮说唱歌手填进歌谣里面的都多。

我们的流行文化中也充满了污言秽语。在商业和政治中，它们也有着长久而"杰出"的历史。但我说的"杰出"，是G. K. 切斯特顿所指的那样，他说："庸俗的人总是最杰出的，因为想变得杰出的欲望是庸俗的。"[16]

想象一下profanity这个词。它来自拉丁语，原意是"在庙宇之前或之外"，意指不敬或不得体的语言。在现代意义上，它是指庸俗、粗鲁、放荡，或不道德的话语。但是，粗俗之语却经常回荡在强权之地，这是为什么呢？

据说，有修养的精英阶层会为了达到效果而慎用粗俗的语言，就好像在沙拉里面加大蒜来入味一样。正如英国评论家乔纳森·斯威夫特曾经说过的：

---

① 旅鼠有一种惯性，会盲目追随一只领导鼠，当这只头头爬进河里，成千上万的老鼠，不问情由也跟着踏水溺死——译者注。

"仆人们会诅咒，但他不会像主人那样做。他们也许经常咒骂别人，但是他们的咒骂能否精妙、得体并言之有理呢？"[17] 很显然，就算是粗俗的话语，也能够合理而巧妙地表达出来。

青少年会通过污言秽语来哗众取宠，有时他们是出于逆反心理。在某种程度上，我同情他们，因为是大人教会他们用成人的方式说话，即使这和成熟与否毫无关系。

美国士兵们会延续青少年时期虚张声势的做派而高调咒骂别人。遗憾的是，粗俗语言体现的是本国军队中怯懦的文化传统，它代表了达成友爱之情的最低障碍，而这种友爱之情被认为是由胆识来决定的。矛盾就在这里，如果你肯用自己的语言来表达污言秽语，你就能够加入这种"精英"俱乐部。

电台主持人故意用粗俗不堪的话语来作为一种愚蠢的武器，因为他们没有真正的天赋。但是，这对于一个没有真正品位的市场而言，没有什么要紧。我曾经收听过一档著名的电台节目，大约只过了两分钟，我却觉得两分钟时间竟然这么长！除去粗鄙的语言，这个节目简直空无一物。

作家会谨慎使用粗俗之语，只是为了表达得更亲和，更真实，更接近生活实际。那么，对于企业的管理者又当如何？他们中的许多人会用一些粗俗的语言作为首选的威胁手段，通过这种方式来表达控制力，宣誓主权，或者警告潜在的竞争者。

最后，粗俗语言可以作为对待痛苦的情感缓解机制。比如最伟大的幽默作家之一马克·吐温曾经说过："在每座房子里都应该有一间屋子供人诅咒发泄，这种感情如果被压抑就会很危险。"[18] 尽管我们不愿承认，但是粗俗之语代表虚荣之心。大多数情况下，使用粗鄙的语言是一种放纵。它是因傲慢而产生的一种满足感，是一种并无鲜明特色的表现主义。目前来说，它的独创性方面只相当于做了个文身。换句话说，它是一种遵从行为，而不是一种勇气行为。

我想请你们鼓起勇气，反对流行文化，并找准自己的定位。我相信，你肯定会想说什么，也肯定能找到强有力的话语来表达。我们的母语是一门美丽、灵活而又取之不尽用之不竭的语言。我想请你们忘记脏话粗话，用更纯净更诚恳的话语来表达。听听莎士比亚的《亨利五世》中圣克里斯宾节的演讲①，它的精彩足以使你震撼。

如何设置有效的目标

我的女儿在青少年时期曾经参加过一个一周时长的排球训练营。她每天晚上回家都筋疲力尽，但是心情却很好。她为自己定了锻炼目标，要学习发球、击球、拦网和扣杀。训练时间很长，强度很大，过程也高度结构化。在这些条件下，一种很好的机制加上很棒的教练，使得她在短短几天内获得了很大的提升。

我的另一个女儿选择在福利院工作一周。这不是一个很有吸引力的工作。

---

① 为纪念基督教圣徒克里斯宾兄弟殉道所设，第二次梵蒂冈大公会议以后不再作为公众节日。历史上，圣克里斯宾节这天爆发过多次重大战役——译者注。

她要帮忙准备饭菜，给年老者喂食，还要打扫卫生。她慢慢通过姓名熟悉了福利院的居民，也了解了他们的需求和喜好。比如，有位妇女喝饮料时非要有吸管，另外一位喜欢用汤匙。我女儿在福利院的工作默默无闻，没有哨声，没有喝彩，也没有击掌庆贺。但是，你猜怎么着？她回家后也是一样的疲劳，但很快乐，一样有收获的感觉。

当我看到我的女儿带着疲惫的笑容时，我也笑了。事情正在好转，对我们所有人来讲都一样。当我们设定并实现一个有意义的目标后，我们得到了进步，提升了能力，获得了自信，也知道了贡献的意义。当我们成功了，我们会想再做一次，接着我们会不断用有意义的目标来填满自己的愿望清单。

要是有人没有真正成功过，他们就会在其他地方找寻成就感。他们会认为快乐的追求与获得的成就是同等的。这点当然是我们的流行文化教导的，人们也乐于相信他们所学到的东西。而事实上，我们所追求的众多快乐，并不会有什么回报。它反而会导致平庸，使得潜力得不到发挥，甚至染上极具破坏性的癖好。

以儿童为例，他们需要能帮助他们建立自信的经历。如果他们在童年时期一无所学，只是沉浸在游戏、互联网和电视上，那就是个失败的童年。想想成人，也是一样：如果你多年一直在追求乐趣、权力和声望，那么你就浪费了你的时光。请记住，目标才能激发想象力。它们很强大，是因为它们包含智力和情感的提升因子。

应该怎样设置有意义的目标呢？这里有些指导性建议与你分享：

■ 容易达成的目标并不使人兴奋，所以不要把目标定得太低。

■ 自我激励，但不要超出自身能力范围。目标越高，失败的可能性就越大，所以不要好高骛远。

■ 从小的、可实现的、可衡量的目标开始着手。小的成功对建立自信具有强大的作用。所以，请把它们联系在一起。

■ 你的目标取决于你的出发点和完成情况。如果你已经失败过多次，那你就要打破这种惯例，你需要一次小的成功来重拾信心和动力。

■ 保持兴奋度，保持期待，还要给自己一些压力。

■ 请记住，生活中的伟大目标并不在于消耗，而在于创造和贡献。有许多其他的事情更有意义。

■ 确认一下你将要完成的任务，将要做出的服务，以及将要开发的技能。

有一天，我的小儿子跑到我身边，脸上洋溢着单纯的快乐。他自豪地说自己一天就看完了罗尔德·达尔的《玛蒂尔达》，他还给我讲了这本书里的内容。这是多么宝贵的经历啊！

啊，人应该超越自身以求所得，

不然，天堂的意义在哪儿？[19]

这是罗伯特·布朗宁的诗句。想要超越大众文化中日渐趋于主流的庸俗和懒惰，需要付出极大的勇气。但当我们这么做了，我们的领导力就获得了提升。

本章要点总结

领导者负责创造，管理者负责监督。

当现状过于安逸，要勇于提出挑战。

记住：长远的成功更与勇气有关，而不是天生的智力。

倾听的勇气是竞争优势，而不愿倾听的傲慢是限制性因素。

允许别人提出异议，减少因产生分歧而实施的处罚，但个人攻击除外。

根据别人接受和表现的能力，来展示你的坦诚。

有勇气对抗大众文化中过分的粗俗语言。

通过强力而有意义的语言来找准你的特殊而独立的定位。

设定适当延伸的目标来激发你的想象力；规避不现实的目标，以免因无法实现而使士气受挫。

PART 2

才能：让人追随
的硬实力

如果修养是经济基础，那么才能就是上层建筑。才能涉及技能、敏捷性和掌握程度，它是一种有能力做事并且成事的性质或状态。当然了，技术能力或要求专门知识的领域有许多，但我所指的是这样一种特质，它能使你具备想成为领导而必需的、通用的以及可持续的能力。这种能力，是让团队对你心悦诚服的关键因素。

学习

才能的第一基石是学习。21世纪对于学习的要求是能够跟上甚至超越变化的速度。在此背景下，作为领导者，在面对学习时，就需要表现出头脑敏捷，积极进取，自我导向以及协同合作。许多人在善意的组织的资助下，基于对组织的依赖性和自身的无助感，依然抱着工业时代的学习心态。当今的领导者必须抛弃那种模式，因为他们需要不时地意识到自己的不足，并不断弥补自己与他人的差距。

变革

才能的第二基石是变革。变革是持久的，但在节奏飞快的今天，时间也被大大压缩。领导者要能够预估竞争优势的持续损失，而且在面对接踵而至的挑战时要能够适应。这是一种智力和情感的能力。它意味着如果可以，你就要先发制人。它意味着你要了解强制变革和暗中变革所包含的所有内容。它也意味着你会有意识地变革文化，而不是听之任之。

判断

才能的第三基石是判断。判断使你能够看到大图景，并且通过行动带来的不同的结果来进行思考。判断能帮你选择正确的人，并能满足不同人的个性化发展需求。基于判断，你能够分辨别人的动机和能力，并委以合适的工作。判断能够让你知道自己该听谁的。最后，判断能帮你从失败与成功中吸取经验教训，避免灰心失望或骄傲自满，同时保持适当的紧迫感。

远见

才能的第四基石是远见。远见是指看见不存在的东西，它是对未来的描绘，也是现实萌生的开始。普通的计划不会让你激情澎湃，不会促使你脚踏实地地付诸行动。但是远见可以。当外部条件不利的时候，我们可以从远见中获得力量。我们也可以从远见中获取创造力，因为它能使我们摆脱惯例和传统的束缚。并且，我们也能够从远见中获得自我认同感。虽然信息只起告知作用，但是远见有激励作用。

CHAPTER5
第五章　学习是自己永保
优势的关键

你有坚持学习的习惯吗？开拓新的领域时，你会向专业人士请教吗？面对自己不熟悉的业务，你是回避不前，还是激流勇进？我相信你有着天生的求知欲和好胜心，那么，不断学习吧，只有这样，你才能更好地迎接时刻变化的市场，才能够永保自己的优势！

当社会发生剧变，只有学习者才能承袭未来。

富有学识者常常发现，自己试图融入的世界，其实并不存在。

——引自《对人类状况的反思》（1973年版），

作者埃里克·霍弗（1902—1983），

作家，道德和社会哲学家。

保持持久优势的关键

有一次，我跟一位领导者聊了起来，我了解到他通过手机鉴证技术来给别人做培训。我问他需要多久更新一次课程以跟上技术的发展。我得到的回答是两个月。你能想到，你的知识和技能在八周的时间内就过时了吗？这或许是个例外，但是它表明了在 21 世纪变革的超高速度。

可问题是，面对变化你将怎么做？这种变革的态势所有人都能够看到，但并非每个人都能感受得到。你是否在面对变革的洪流之时，依然无动于衷？你现在可能感受不到，但最终你会屈服退却。这种新的态势令顽固不化者恼怒，使不学无术者困扰，让负隅顽抗者痛苦。平静的年代里温和的国内市场已经一去不返，令人珍视的雇主／雇员协定再难以寻觅。连"学习、挣钱、用尽"的职业发展模式——即在自己的黄金年代里"学习专业知识，挣得生活所需，用尽所储资源"，也都消失无踪了。

变革的加速和全球的一体化，创造了一条通行的规则：学习要跟上甚至超越变化的速度。出生于婴儿潮时代的人们技能过时，学习习惯落后。他们选择在情感上封闭自己来苦撑着，极力避免在退休前出现职业方面的不顺，并持续靠之前习得的基本技能来应付各类工作，不肯提升和变通。他们能够公开认同新世界的到来，但私底下却不愿从中学习。

X 一代（指 20 世纪 60 至 80 年代出生的人）和千禧一代（指 1985 至

1995 年出生的人）对待同样的问题有不同的理解。他们常常消极被动，因为他们已经对技术麻木了。表面上他们对操作应用程序和网络相当敏捷，但却缺乏解决核心问题的能力，以及看透冲突本质并予以解决的方案。是的，他们算得上"数字土著"，但是学习不仅仅是操作技术。它还涉及积极进取的自我导向性、坚韧性和持久的专注。

有一条原则是：你在学校要学习的最重要的事情就是——当你走出校门了，你该怎样学习？[1] 为什么呢？因为一旦你离开了学校及其结构化的环境，那么在你的余生中，你的学习将只会取决于你自学的能力——没有老师，没有教室，也没有课程。它将是一种不寻常的学习方式，它将完全依靠你自己进行重新调整，重新校准和重新汲取，也就是不断自我完善。

对此好消息是，当你掌控自己的学习时，你具有动机优势。正如一位学者肯·拜恩所发现的："当人们试图回答自己的问题时，他们学得最有效率。"[2] 贺拉斯·格里利谈到林肯时说，他"极大地得益于各种事件和环境的经验教导，不管它们多么不利和不被接受……在他的生命中几乎每年他都会表现得比之前更聪明、更出色、更优秀"。[3] 他就是很好的榜样。

不同的人学习方式不一样。有些人不喜欢学术著作和说教式方法，他们是目标导向型学习者，喜欢亲身实践型工作环境，因为这样他们就能够将所学的东西即刻真实地付诸实践。[4] 不过，归根到底，我们学习什么比我们怎样学习更重要。你可以从对话、数据、故事、视觉图像以及反复试验中来进行学习。

遗憾的是，我们的大多数学校并不会引导学生去自学。相反，他们还让学生养成了学习上对工业福利模式的依赖性。数代以来，许多人融入社会，依靠组织机构的运行机制得以前行。但这已经不再奏效。许多组织已经适应了一种自我导向的模式，但是其他人却会因学习、忘却、再学习的观念而迷失方向，担惊受怕。他们同时与现实和日益加深的荒废感进行抗争，但他们的抗争也都会以失败告终。

你是否已完全准备好迎接新的工作、任务、项目或者职务晋升呢？你没有，我也没有。对于每项新的任务，你我都会有某种知识或技能的差距。有时候，组织会帮你缩小差距，但不会一直这么做下去。最终，你不得不接受差距，并自己想办法去尽力缩小。如果你不这么做，你的价值就会慢慢降低。

为了保持长久的竞争力，组织生活中的一些原则以一种既不温和也不光彩的方式被废除。先不管我们许多人还是坚持陈旧思想的这个事实，我们都极其清楚地知道，我们的许多知识和技能都已变成短暂的资产。IBM 的人事副总兰迪·麦克唐纳曾经说过，IBM 公司 22% 的员工拥有的技能会在三年内过时。[5] 我们之前从未遇到过当前环境下的这种快速而复杂的变化。并且，这种变化超出了我们趋于僵化的自然倾向。

我们深切习惯于保持惯例，但如果一成不变，我们的表现就很糟糕。我们只得到了相同的结果，而别人却取得了进步。当然了，总会存在自然衰减和惯性的力量，但问题是，我们能识别并做出回应吗？

几个世纪以来，社会上流行着一种永恒学习模式：一次学成，永远合格。

换句话说，你可以获得一项技能，而它在你的整个职业生涯里都会有用。比如说，我爷爷是联合太平洋铁路上的列车长，他学过怎样驾驶火车，而那项技能一直贯穿了他的职业生涯。他从未经历过学习过时的循环，也从未面临必须重新学习技能的情况。

随着时间的推移，这种学习模式被持续学习模式所取代：即为了持续满足条件而不断学习。

最后，我们现在处于另一转型时期，即敏捷学习时期：它是指在面对需要时，进行快速、协同、自我导向的学习。换句话说，要使学习跟上甚至超越变化的速度，要求我们根据社会进程来共同学习，通过学习与测试的快速循环来工作，并根据需求来付诸行动（参见图5.1）。[6]

图 5.1　学习的进化

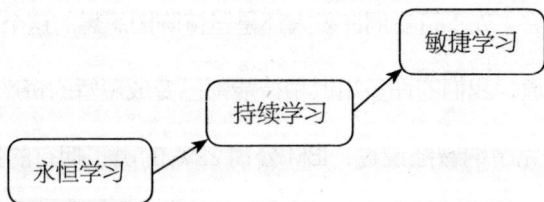

当今的领导者都被鼓励按照敏捷学习模式来进行示范，这就要求具有不同的情感立场和社会立场，而这可能使个人感觉信心受到了威胁。星巴克CEO霍华德·舒尔茨在一次访谈中说道："作为一个领导者，最难做的事是证实或者暴露自身的弱点。"[7]领导者一定要轻松地通过学习和适应能力来展示自己的竞争力，而不是基于他们当下的知识和技能，更不用说他们的头

衔、职位和权威了。

很明显，学习的敏捷性与能力不同。能力意味着你拥有自身所需的知识和技能，并以此来创造价值。另一方面，学习的敏捷性是指在市场变化期间或之前持续获得知识和技能的能力。也许你具有很强的竞争力，但是根据今天的竞争力并不一定能预测到明天的，而学习敏捷性则可以。它能够为未来的竞争能力提供最好的衡量标准。甚至有些能力卓越的领导者，都会出现这周犯下差错而下周就宣告失败的情况，因为他们没有以跟上或超越变化的速度去学习。

领导者必须通过学习与忘却的循环，来给自己和他人建立信心。他们必须接受的事实是，当他们度过职业生涯的转折点后，会经历一段时间的能力不足，有时甚至会失败。但是他们依然会这么做，因为他们有潜在的学习能力和学习意愿。而今天的不同是，他们确定这么做是基于敏捷学习者素质的个性化，而不仅仅是专家的素质。

这里有些可以帮你评估自身学习倾向的问题：

■ 你是否觉得知识和技能会过时？

■ 你是否相信学习是优势的来源，它代表了企业风险管理的最高形式，并且个人或组织所能遇到的最大的风险就是停止学习？

■ 你是否掌握了进取式和自我导向型学习的深层次模式？

■ 你是否根据自身的学习方式来行动？

不思进取的风险

1950 年，在 F1 赛车的首个赛季里，平均的换胎时间大约要 60 秒，而现在这一过程就像精心设计的舞蹈动作一样，耗时不超过 3 秒。问题不在于你是否头脑聪明、技术娴熟，而在于面对环境变化时，你是否能够依然保持如此？

通过敏捷学习而成为对组织有价值的人，这种能力显得越来越重要，因为今日的组织在面对竞争时显得举步维艰。比如，老板宣布公司机构重组，兼并竞争对手，把某项功能外包，或者进入一个新市场的时候，你脑中首先想到的是什么呢？我可能会失业？损失报酬？失去影响力？丧失专业性？失去公信力？失去资历？离开办公室？失去朋友？失去……

那些恐慌并非完全不合情理。大多数情况下，人类都是很精明的风险管理者，他们在遇到改变的时候会极力反对。但是，这种试图退缩的自然本能极其错误，尤其在面对学习的时候，你更不能选择逃避。正如美国海军陆战队狙击手学校里面所宣扬的："你可以逃跑，但这样的话你必定疲于奔命。"

你能说出一家在过去的两年内未在市场中采取任何措施，但却取得了不错的收益的公司吗？我的关注点很简单：如果组织需要敏捷行动以保持竞争优势，那它对你意味着什么呢？你是依势而动，还是冒险选择事不关己？竞争优势并不仅仅是组织概念，它还是个人概念。

你应该这样思考：事实上只有两种路径可以取得竞争优势——低成本和

高价值。如果你都能够达成，那就是一种突破。如果企业能成为低成本生产商或者通过某种特殊性能成为高价值提供商，那么企业就能取得成功。同样的逻辑对个人来说也适用。要么你能通过显现特质提供高价值，要么你能提供廉价商品，这样你就能以较低的代价使自己的产品进入市场。从根本上说，就像作家托马斯·A.斯图沃特认为的那样："财富是知识的产品。"[8] 在某种程度上，这是残酷的达尔文主义进化论调，但却十分真实：你必须遵守供需关系规律，而市场总会给你应得的回报。

我之前有幸参加过关于制定劳资双方协议的工会谈判。我了解到一个概念叫工作保障。它是指一个组织应该对员工做出承诺，为他们提供工作保障。当你跟千禧一代谈起工作保障时，他们不会理解，这对他们来说简直是天方夜谭。停滞不前的职业生涯遇到的都是最小的阻力，但是现在，却是最大的冒险。接下来的几个实际问题，会帮你避免停滞不前、不思进取的危险。

你是否能掌控自己的职业生涯？ 你是否能全权掌控自己的职业发展？当然，你所在的组织也许有系统的方式来帮助你发展。也许会有培训、教导、实践，以及年度审查等。这当然好，应该接受。但是，将你的职业规划和职业命运交给一个依靠不稳定而又难以预测的市场来取得财富的组织，这种做法充满不确定性和风险。

你是否把自身的技能视为技术？ 今天的专业技能与技术越来越像。它们会经历相似的产品生命周期——引入期、成长期、成熟期和衰退期。在你的思维中，你是否觉得当技能过时就应该抛弃，然后重新取得新的技能资格呢？

你是否是一位敏捷学习者？ 组织通常会提供培训和工具以帮助员工提升能力，但是知识和技能的差距还是只能自己来弥补。独立的学习者根据自己的评估和自我导向的学习策略来缩小差距。[9] 依赖性的学习者则是等着组织来替他们做。永远不要把自己的命运赌在组织之上。19 世纪末期的哈佛大学校长查尔斯·艾略特说，我们都需要"训练有素的能力来从事快速、激烈而又持续的脑力劳动"。[10]

你是否把组织看作是可配置的部分？ 对许多人而言，"重组"在情感上是一种令人不安的经历。对你来说也是如此吗？关于程序、系统、结构、角色以及责任，没有什么神圣的东西，它们只是我们用来组织和完成工作以服务于商业策略的组成部分而已，敏捷而高效的员工都了解这一点。他们把组织看作具有可配置部分的动态系统，所以在情感上不用过分重视。对于组织应该关注其价值创造，如果组织运转良好，那不错；如果运转不好，那就该考虑重组了。

你是否在学习中获得满足感？ 学习对你的竞争力和贡献度至关重要，但是不要忘了，它自身也能提供一定的好处。它能够给你带来内在的满足感。哲学家和政治经济学家约翰·斯图亚特·米尔说道：

与自私相似，对生活不满的首要原因是缺乏心灵修养。一个有修养的头脑，能在周围环境中找到无穷无尽的兴趣的源泉——我并不是专指哲学家的头脑，而是说任何能够接受知识之泉的头脑，以及在某种可容忍的范围内，能够通过教导去训练自身机能的头脑。这些兴趣的来源有：自然物质，艺术成就，诗歌的想象力，历史事件，人类过去和现在的生活方式，以及对未来的构想等。[11]

"如果我能进入 ×× 公司"

我清楚地记得有次跟一位雇员的谈话，他的父亲告诉他："如果你能够进入 ×× 公司，你的美好人生就开始了。"这位父亲在劝自己的儿子去信任公司。他的建议让我想起了我给孩子读过的一本儿童书《你是我的妈妈吗》，这是一本让人喜爱的书，作者是 P. D. 伊士曼。有个问题是，一些人会这么看待他们的雇主。许多人仍然具有母性偏向的思维模式，这不是一种严谨的职业意见。对于"如果我能进入这样那样的科技公司该多好，我就会如何如何"，诸如此类的职业管理假设，如果你能够进入，当然很棒，但不要把组织误认为你的母亲那般，也不要把它当作你工作保障的来源。

这种信念在 21 世纪被严重误导，今日的社会完全不接受这种策略，只是世事无常造成了这种局面。我们也许渴望安稳和让自己能够坚持下去的东西，但我们必须停止使用工作保障这个概念，代之以个人竞争力。你的竞争优势其实来源于你自己。

诺贝尔文学奖获得者，作家 V. S. 奈保尔曾经回顾自己在特立尼达的成长经历时说："经济形势简单的小地方孕育的是平凡命运的小人物。"[12] 过去的确如此，但现实依然是这样吗？我们可以选择那样生活吗？是否真的有一种选择让我们可以在一个小型的简单的经济体内自由竞争呢？

我们经济的中心主题是日渐加剧的变革，随后演变成对准备完好的人类资本的需求。不过，我们目睹过美国中产阶级经济的日渐萧条和空心化。为何会变得萧条呢？答案很简单：大批的中产阶级在面对劳动市场的新需求之时，并没有做好准备。我在硅谷的科技类公司里面待过很长时间，我可以告诉你，他们都是在全球竞争力的标准上进行竞争，而且从不考虑雇用平庸之才。

我跟那些频繁跳槽的人聊过很多。它很像邮购的锻炼计划，以提升所谓的肌肉混淆训练。基于肌肉混淆训练理论的锻炼比完全不锻炼要好。交叉训练会很有效，但是，认为最好的结果来自不断地改变锻炼方式以保持肌肉的不确定性，这种观念只是部分正确的。改变锻炼方式，可能对于避免倦怠有帮助，但若是要取得最佳的锻炼效果，你必须持续增加锻炼频度（重复锻炼）和强度（增大负荷）。

最后，最佳效果来自高强度和持续地关注同一运动，但还要增加困难级别。如果你频繁地改变运动形式，那么实际上，你的成绩短时间内就会进入稳定停滞阶段，你就会在所有方面都表现得很平庸，而且一无突出。敏捷性很重要，但是如果你转换得太多，成绩表现就会受影响。它就像试图执行多重任务来提高产量一样。

学习谋生 VS 赚钱谋生

现在说"学习（learn）谋生"是否比"赚钱（earn）谋生"更贴切呢？奇怪的是，获得了证书暗示了学习过程的终结。它表明你在某种形式上永远具备资格，你可以稳坐钓鱼台，享受自身曾经的付出。这当然很荒谬，但你认为有多少大学毕业生是真正的敏捷学习者呢？许多人只不过是享受了教育的福利罢了，他们甚至一年只能读完一本书。有时候正规教育反而妨碍了学习。阿尔伯特·爱因斯坦认为："现代教学方法竟然还没有完全扼杀神圣的探究好奇心，实际上，这简直就是个奇迹。"[13] 但它同时也是个借口。

有一件事情是非常清晰的：未来属于学习者。想想我们居住的这个多变的世界以及我们为之工作的多变的组织。在往后的岁月里，谁能够独领风骚呢？答案肯定是那些具有敏捷学习能力的人。但是从拥有文凭的情况看，他们或许不是我们当中最有资格的，尤其是在教育越来越民主化，证书的作用越来越弱化的时代。

学习和领导力之间的联系是确定无疑的。过去的情况是，对于你遇到的大多数问题，你身旁总会有人已经经历过，但是后来不一样了。现在我们面临的许多挑战都没有先例。没有任何现成的经验可以帮助我们。我们只能承认个人的学习才是生产能力的来源——但是，领导者必须做好榜样，身先士卒。

求知欲的正向价值

看看蹒跚学步的孩子吧，他们每天都充满疑问。但是，对我们许多人来说，成长道路上发生过许多事情，而我们的好奇心也日渐消减。

如果一个国家的国民终日沉迷于电视、大众媒体和互联网，那它不大可能会是一个有强烈求知欲的国家。当然了，我们似乎正在经历一种普遍的想象力衰退情况。就全社会而言，我们有赖于求知欲。有个并不稀奇的说法是，对于有求知欲的人而言，工作是唾手可得的，社会发展也有赖于这些人。他们是独自苦思冥想，不解开谜题誓不罢休的一群人。

你没有通过经济类书籍或政策层面了解过这些求知欲很强的人，但他们是真正的工作职位创造者。正是这些人敢于提出疑问，并解决难题。他们创造新的价值点，新的行业，以及新的工作机会。他们带来全新的观点，以此来对抗把我们束缚于当下的陈旧思想和僵化的偏见。我们周围的这些有求知欲的人，可亲可敬的发明者和创新者，一直在激励我们向前。

在大萧条期间，我们面临数以百万计的失业人数。到处弥漫着恐慌，工作岗位数量不足以满足需求。我们需要更多有求知欲的人来解决更多的问题，创造更多的工作。那该怎么办呢？办法就是：鼓励他们，找到能调动他们积极性的东西，赞颂他们的努力而不仅仅是结果，允许他们通过试错来学习，允许他们通过失败快速提升自我，给他们呈现待解决的问题，消除他们行进中妨碍他们的官僚主义和抑制因素，抛弃那些只能限制而不能释放新鲜思想的保守的教育方法。

说到我们的教育制度，比尔·盖茨说："像我这样具有好奇心的人在任何制度内都能够待得不错。对于能够自我激励的学生而言，在校时光是黄金岁月。我希望我还在成长。我羡慕我的儿子，如果我和他聊起我们都不懂的事情，我们只需看看视频点击一下文章，然后就能继续我们的讨论。遗憾的是，具有强烈求知欲的学生只是很小一部分。"[14]

盖茨属于体系外的求知者。许多人具有求知欲望，但是他们自己并不知道，因为社会抑制了他们的好奇心。许多年轻人把他们的闲暇时间花在科技事物上而不去学习。他们已经丧失好奇心多年，但却毫不自知。他们需要的是有人对他们表达出个人兴趣，并且帮助他们重拾好奇心。

理解这点很重要，好奇心比聪明的头脑更加关系到动机。约翰·格登爵士，牛津大学发育生物学家以及诺贝尔奖获得者，他在伊顿公学读书的时候，生物成绩排在 250 名学生的最后一名。在他的成绩单上，老师说他学习科学简直是浪费时间。他接受了老师的建议，在大学里转而攻读文学。但是在他做毕业论文的时候，他还是拒绝了老师的建议，重新回到科学中来，因为他有求知欲望。[15]

你对什么东西感兴趣？这个问题可以激发年轻人的一些动力。当教师、父母或者老板能够激发他人的些许动力时，被激发者就能够加速发展自信，提高能力。当你通过问题产生动机，这个问题就变成了约翰·格登爵士所说的"兴趣问题"。换句话说，它就变成一个你想着手解决的问题。我们需要更多的人，来求解更多的"兴趣问题"。

知道该问什么就 OK

关于领导力有条原则：你在责任方面担负得越多，你就越需要依靠问题而不是答案来做好工作。这条原则的例外可能是在快餐店工作，在这里，如果你能快速地完成各项工作，你就能升任管理者。比如说，你可以翻转汉堡、做油炸食品、接受客户买单、拖地、检查纸巾和番茄酱的存货，等等。

但是，在大多数组织里，个人很难掌握企业的管理套路。你不大可能会经历所有的岗位。如果你确实经历了，那么这种改变的步调也会让你乱了阵脚。那么，为何这么多领导者疯狂地想保住自己的职位，想一直作为监管者以及各种方案的决断者呢？为何许多人认为领导力的实质与指导别人和分配任务相关？我建议这些领导者询问一下自己这都是什么年代了。不久前，我跟一位医院的 CEO 聊天，他告诉我："我的团队里有 10 位直接下属，但你知道他们的工作有多少是我能做的吗？"

"有多少？"我问道。

"没有，"他强调说，"我做不了任何一样。如果你往下一级，看看他们的直接下属，结果也是一样。"

这位医院的 CEO 能靠做出答案来实施领导吗？这当然很荒唐。他的职责是知道该问什么问题就 OK。提问的技能可以造就他，也可以毁掉他。如果你社会经验足够丰富，如果你认为作为领导的首要工作是告诉别人做什么，那么你就需要忘却一些东西。没能忘记这些可能使你的职业生涯脱离正轨，而如果你不能抛弃这些旧的行为习惯，它们甚至会成为你的致命缺陷。

与不同的领导者一起工作时，我经常使用三级问题练习，在练习时，我让他们接受当前组织内的挑战，并就此提出问题。我把领导者们分为 5 个组，让他们就相关议题提出 10 个问题。他们经常说已经研究过了问题的每个可能的角度，我微笑回应，让他们再迁就我一下。这就是第一级别——即**明显性的考验**。它就好像是扮演记者提问一般，询问何人、何时、何地以及发生原因。开始的 10 个问题不是很难。然后，我引用温斯顿·丘吉尔的话说："现在还不是结束的时候，甚至不是结束的开始。但是，它可能是开端的结尾。"[16] 我解释道，在第一级别，我们通常借由观察和思考基本的因果关系而得以通过明显性的考验。

在第二回合，我让领导者们再想出关于眼前议题的 10 个问题来。这需要更多的精神消耗，但是只有我们更加努力，我们才能发现新的备选项及可能性。我们扩展了观察和分析的能力。这就是第二级别——即**模糊性的考验**，更深层次地挖掘，分辨出不明显的东西。当我们开始抛弃惯例，摆脱羁绊性思维，远离常规时，魔法就出现了。幼稚与智慧的界限很细微。请记住一条古老的的格言：没有愚蠢的问题。

最后，我们进行第三回合，挑战极限，再提出 10 个问题。在第三回合——即**独创性的考验**，领导者们感受到了痛苦。他们碰到了智慧敏捷性的边界。但就这样，我们见证了他们想出了最美妙问题的过程。随着我们不同回合的展开，领导者们发现了如下四条重要的原则：

问题引发问题。换言之，新的问题是在老的问题基础上被发现的。

问题自然地由一般发展到具体。我们的思想过程趋向于表现为倒金字塔模型，我们首先提出一般的基本问题，然后逐步收缩，再转变成尖锐的问题。

问题趋向于从内部视角转为外部视角。我们倾向于对先提出的问题保持自我中心和种族优越感。慢慢地，我们转向外界，从不同的角度提出问题。

最好的问题来得最晚也来之不易。它是独创思维、创造性和创新性宝库的来源。

成为稀缺的敏感学习者

为什么马友友，伊萨克·帕尔曼和弗拉基米尔·霍罗威茨能成为大师级音乐家，而其他同样长时间刻苦练习的人不行呢？世界级的表演家们显然学得更快。但我们其他人也能够更快学习吗？客观地说，在任何领域，我们都还没达到最高的学习速度。我们到底能学多快呢？我相信不断增长的学习速度是我们时代的最前沿之一。基于许多原因，我们需要提升人们的竞争力，就算不能精通，也要学得更快。

有一天，我在球馆里帮我 14 岁的儿子捡球。当我站在篮筐下，把球捡回给他时，我问他谁是 NBA 中三分球投得最好的。他回答说是史蒂芬·库里。我问他要投得像史蒂芬·库里一样，需要练习多久，一万小时够吗？——这大约相当于 15 年完整的练习和比赛时间。我儿子回答道："我不明白为什么需要那么久的时间。"

许多心理学家——包括已故的最著名的本杰明·布鲁姆和新近的 K. 安德斯·埃里克森，都做了实证研究，想证实为了在特定领域内达到精通，需要付出怎样的代价。他们的结论相当一致——在任何领域内，想取得世界级成就，必须经过一万小时的练习。我们能否打破一万小时定律？埃里克森说，我们不光需要一万小时，还需要做出"刻意练习"。他将刻意练习定义为"对待那些你做不好的事情付出的相当多的、特殊的、持续的努力"。[17] 所以，天才是自然天赋、外部支持和刻意练习的结合。但是，我们能否做出更好的刻意练习，降低一万小时的要求？我们能否更快学习？

有几个概念与刻意练习相关，比如流动状态、元认知、执行功能、有效努力以及高参与度。所有这些或多或少都指向人类的管理注意系统和认知控制系统。研究者发现，如果一个人能够控制冲动以保持专注的话，他就能快速学习。换句话说，如果你能遵守纪律避免分心，你就能更快地理解信息并发展技能。

为了更快提升竞争力，我们需要抛弃哪些正统思想？首先，我们社会中教育训练的主导文化经常偏重指导性，有太多的讲述和主张，而很少质疑和辅助发现。教练或老师是如何成了限制因素呢？

当我在大学足球队的时候，所有一切都在于得到"训练"，而帮助学员理解教练是如何训练他们的则是无足轻重的。而今天，指导性教学模式遇到了内在瓶颈。比如说，在工作场合，员工们必须自己去提升技能表现，自我突破，自我测评与介入，对自己的表现认真剖析，系统地反思表现好与不好的地方。

作家和演说家杰奥夫·科尔文认为，他们必须能够"识别出不明显的但重要的信息"。[18] 这就是说，在你提供服务的时候，多说"什么"和"为什么"，而少说"如何做"。你说得越直接，他们需要做的就越少；你说得越模糊，他们就越需要加以分辨。这种做法将会促进人们分析能力和创造能力的提升和发展。所以，我们要专注于培养更加坚定的学习者，使得他们在智慧和情感上有更强的自我依赖性，以及更高的专注度。

我们社会的学习传统在几个世纪以来基于两个持续的类型。第一是非正规学习，或者叫在职训练。纵观历史之中，常见的是年轻工人在手工业里当学徒，跟着师傅边看边做，直到他们掌握了足够的知识和技能，能够独立工作为止。第二种类型是正规学习。在这种形式中，教师通过正规的指导对学生进行教学。这种形式可以追溯到古代帝国时期，并一直沿用至今。

几个世纪以来，社会上并存这两种方式——一种是经验主义，另一种是教条主义。这两种传统持续这么久是因为社会分工：我们需要经验主义方法来训练应用技能，需要教条主义方法来同化知识工作者的思想。但是这种区分现在模糊了，因为稳定的市场和渐进式的变革表现出的规范更少。现阶段，我们能看到大批的组织崩溃。随着市场变得更加动态化，我们在更深层次内化了一个事实，那就是人类才是竞争优势的真正来源。

即使是铁石心肠的权威式老板，受限于时间和地点，现在也会屈从于新的事实，积极寻求他人的忠告或建议。大多数时间，工具会先于文化发生变革。我们一直在学习使用技术工具，比如说维基、博客、社交网络、开放资源、开放内容、文件共享、群众生产、虚拟社交、微学习，以及许许多多其他种类的支持学习工具。在新的学习思维完全被埋没于文化的历史尘埃之前，组织仍然在不断发生着转型，还有许多工作亟待完成。

实际上，大多数组织仍要忍受着大量的员工无视学习的情况。他们反复唱着学习的颂歌，打着标语，满怀期待，但是敏捷学习的观念并未深植于他们的脑中，对待新知识和技能的学习行为也没有真正的责任化或得到落实。在某种程度上，大规模协作时代提供的假设是：每个人都准备好也愿意参与群众生产和共同创造的活动。在集体层面上，我们并未达到这个要求。技术降低了学习与合作的成本，[19]只是我们的行为拖了后腿。但在个人层面上，你可以尽快达成所愿。问题是，你需要更多的行动，而不仅仅是口头上的学习。

本章要点总结

先于组织行动，预估个人的竞争优势，并认清学习差距。

分类识别自身的学习差距，开发非正规的课程以缩小差距。

展示出敏捷学习者具有的争强好胜和自我导向的习惯。

当目前的技能过时，要勇于抛弃它们。

少花点时间看电视、游戏或者上网。

通过重新评估自己的兴趣和动机来重拾好奇心。

持续提出尖锐的问题，争取通过明显性、模糊性和独创性的考验。

记住：幼稚和智慧的界限很细微。

寻找机遇去创造价值。

通过持续关注并集中于一项任务上面来实施刻意练习。

支持其他的坚定学习者，给他们更少的指导和更多的"暗示性指引"。

转换你的学习倾向和习惯，使之跟上甚至超越变革的速度。

CHAPTER6
第六章　只有变革才能激发组织活力

你敢提出改变吗？当你的下属对你的变革抗拒时，你会怎么做呢？在平稳的环境里待久了，你还有危机感吗？变革，往往意味着阻挠和创新，面对下属的异议、团队的动摇，要怎样才能更好地施行变革呢？这需要你关注并培养相应的企业文化，让你的团队更好地接受改变，从而激发团队的活力。

人类倾向于寻求一种平衡状态，希望它能井然有序、没有痛苦、令人满意，并自我永存。

——引自《美国大学的智慧生活》（演讲词，1949年），
作者以赛亚·伯林（1909—），
社会理论和政治理论家，哲学家和观念史学家。

领导者必备快速适应变化的素质

作家及记者西尔维娅·纳萨尔曾经写道："从人类文明开始到 19 世纪，90% 的人都行动受限，即便他们的国家相对还不错。普通人的生活像牲畜一样——他们哪儿也没去过，啥也没读过，也没多少衣物，能吃的食物很差，生命也很短暂。"[1]

我不想跟这些人交换生活，但是至少能使他们欣慰的是，他们彼此之间生活相仿。今天我们生活在几乎永不停歇的迭变状态中。我们有无限可能，但还是会行动受限，这就使对领导力的召唤变得更加危险。社会准则依旧，但是环境已然变化。在教育、政府、医疗和非营利部门里，市场动荡、技术瓦解、人口变迁和政局不安等现象时有发生。甚至是精力充沛的老年人都要不时面对激烈的变革。没有任何组织能免于经受变革的风暴，也没有任何组织能一直保持竞争优势。现实的严酷冰封一切，唯一的问题是冰面融化的速度。

当这种新的变化成为现实，你就慢慢形成一种新的心态，教育家及作家彼得·德鲁克称之为"有计划的放弃心态"——即一种"假设并预见竞争优势的持续丧失"的心态，以及对全球化时代的乱象、速度和复杂性的深层次心理的接受程度。[2]

承认混乱还远远不够，你还必须适应它的不断侵袭，并做出调整。要想反弹就要具备适应力，它是一种基于顽强的内在动机，可以忍受和克服逆境的能力。好消息就是，克服迷失、延误和失败的适应力是一种可习得技能。[3] 在前期大量研究的基础上，我们可以明确那些具有强大适应力的人具有三种核心特征。它们是信心（Confidence）、乐观（Optimism）以及感恩（Gratitude），简称为 COG 特征。围绕这些核心特征，领导者借由其他六种要素以形成适应力：意图、联系、更新、成就、贡献和学习。那些具有强大适应力的人往往会不断运用所有这些要素，以维持和增加适应力（参见图 6.1）：

图 6.1　适应力的七因素模型

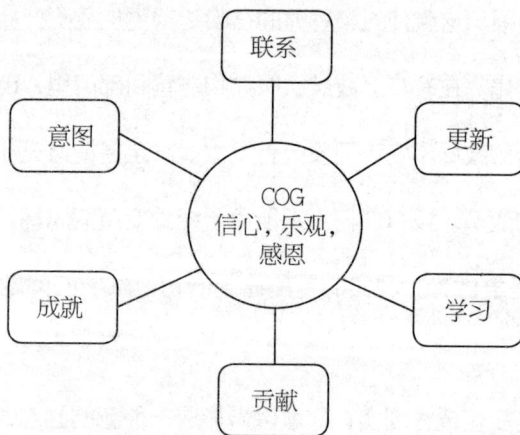

- 培养信心、乐观态度和感恩之心；

- 确定自己的工作意图；

- 建立联系；

- 寻求更新；

- 达成有意义的目标；

- 做出超越自身的贡献；

- 以跟上甚至超越变革的速度来学习。

若要测量你自己的适应力水平，请完成《个人适应力测评表》（参见图表6.2）。

图表 6.2　个人适应力测评表

1. 我是否强烈地想达成自己的目标？				
①	②	③	④	⑤
2. 我是否知道在疲惫不堪时怎样使自己恢复？				
①	②	③	④	⑤
3. 我是否是一个有上进心的自我导向学习者？				
①	②	③	④	⑤
4. 我是否相信自己能做出有意义的贡献？				
①	②	③	④	⑤
5. 我是否具有避免感觉手足无措的应对机制呢？				
①	②	③	④	⑤
6. 我能否自嘲错误并再次尝试？				
①	②	③	④	⑤
7. 我能否对变化应对自如，快速调整？				
①	②	③	④	⑤
8. 我能否保持乐观，视问题为暂时存在？				
①	②	③	④	⑤
9. 我能否容忍高度的不确定性？				
①	②	③	④	⑤
10. 我是否知道怎样从各种联系中获取优势？				
①	②	③	④	⑤
11. 我能否从工作意图中获得激励？				
①	②	③	④	⑤

（注：①代表得1分，②代表得2分，③代表得3分，以此类推。）

如果对任何问题，你都给自己打1到2分，那你就需要在那个区间内按照具体的步骤来提升自己的成绩表现，它会对你整体的适应力产生一定影响。如果你给自己都打3分，我同样建议你这么做。这是一个很好、很安全的分数，但是只有平庸的人才会永远处于所谓的最好状态。你能否做得更好呢？你的投资回报能帮助你达到全新的适应力水平。

现在考虑一下高适应力者和低适应力者之间心态的不同。如《个人适应力测评表》所示，低适应力者反映在钟形曲线的左边，而高适应力者在右边（参见图6.3）。那些低适应力者受限于自身的心态，当突然的变化出现时，他们觉得这种变化是永恒的、失去控制的，他们就陷入了心理学家所说的"灾难性思维"当中。结果，他们的敏度感降低了，应对变化状况的能力也下降了。他们会故步自封，并且如果不是没有预见到它的话，他们有时还会强烈抵制变化的发生。

图 6.3　适应力范围图

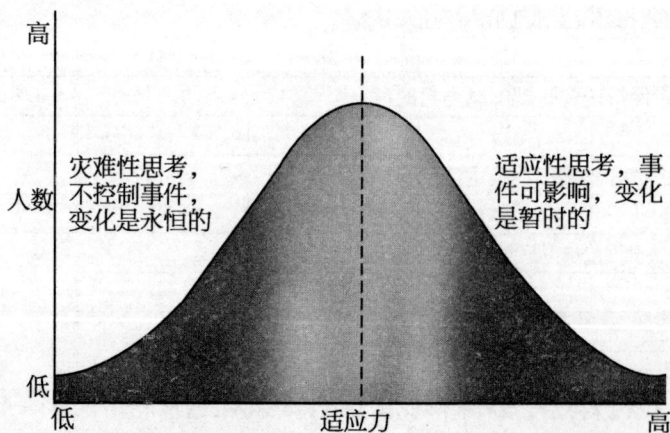

灾难性思考，
不控制事件，
变化是永恒的

适应性思考，事
件可影响，变化
是暂时的

高

人数

低

低　　　　　　　适应力　　　　　　　高

相反，那些高适应力者的心态则与此不同。他们相信状况能够改变，也必然会改变，相信自己有能力影响状况的发展。可以明确的是，你的心态能推动你的行为及其结果的出现。

让我们设想一个简单的情节，来看看你如何应对。假如组织考虑要将你提拔到一个重要岗位上，很多人都告诉你，你是最有资格的候选者，遥遥领先其他人。

组织管理团队做提拔决定时，也给了很多暗示，种种迹象表明你将得到这个职位。第二天你上班了，你打开电脑进入邮箱，发现在你的"收件箱"里的第一封邮件主题是"感谢您的申请！"你打开它，发现这是一封来自人力资源部的邮件，感谢你申请职位，并提醒你约个时间与人力资源部经理面谈一下。你几乎抑制不住内心的激动。你打了电话给人力资源部，并且约在第二天面谈。第二天，当你走进会议室，你满怀信心，期盼着得到热烈欢迎，也期盼着职位提升。但是，你却被即刻解职了，仅此而已。你只有1个小时来收拾东西，然后离开单位。

对于这种情况，你会怎么办？具有高适应力的人会与低适应力的人一样沮丧万分，但不同的是：高适应力者会忘记伤痛，吸取经验教训，然后投入工作寻求新的机遇。而低适应力者呢？他们会持续灰心丧气，像瘪了的气球一样，无心做事，陷入深深的失望和沮丧之中。

请记住，适应力越练越强。如果我们的适应力很低，我们就会时常陷入与新现象及其不间断的变化的争斗之中。具有高适应力和"有计划的放弃心态"的领导者能与新的事实达成协议并与之和解。情感的障碍对他们永远不起作用。

你是否展示过自己的"有计划的放弃心态"呢？你是否已经接受混乱？你是否意识到，有时你需要大胆采取措施来改变自己行动和思考的方式？你能否看到，试图满足于眼下的想法是起着反作用的？如果你感觉自己陷入了抵制变化、屈从于变化或因政治私利而利用变化，那你就该醒醒了。我并不是说你的生涯会是一种不断地转变，我是想强调：今天的领导力涉及不断的变革，而变革的环境也能引发我们自身的改变。

不管你的预见能力如何强大，总会有些威胁毫无征兆地到来，让你不知所措。总会存在致命性的应用和破坏性的技术。我们无法预言下一次创新会从哪儿开始，但我们知道一定会有新的突破。当今，各种想法经过孵化、试点、放大，并最终进入商业化阶段。我们所知道的是，各种价值定位最终在新的威胁下陷入停滞，竞争的基础也会再次转换。

我们知道这点，但是我们很难接受"计划赶不上变化"这个现实。直接面对未来会很难，因为未来充满未知，没有定式，也无从知晓。但我们仍然在朝着未来飞奔而去，这是一个智慧和情感的双重议题。作为领导者，你不必具备原创性思想，但是，你必须能够自主决定行动。

暗中变革 OR 强制变革？

作为领导者，你应该有意识地、坚定地，并且快速地直面挑战。同时，你应该争取共识，这样才不至于冲动地扎进变革里面而发现自己只是孤身一人。不过，大多数情况下你并没有时间与别人达成一致。这时你该怎么做？从下面的趋势中，你可以二选其一来加以应对：暗中变革或者强制变革。

暗中变革

实行暗中变革的领导者试图在组织的全部视野内隐藏他们所做的事情。他们试图掩盖，并把其做成隐秘行动在暗中实施。他们的动机很单纯，只想规避分歧或阻力。遗憾的是，从长远来看，这种方式常常以失败告终。

暗中变革的实施者假定变革会引发警示或者抵制，他们不愿面对这些障碍，而是想尽力避开。这种逻辑的前半部分是有道理的，即变革经常引起担忧和反对，但它的后半部分就没有逻辑了。成功的组织变革并不基于一个平静的开始，而在于成功的结果，这要求组织内部训练有素，步伐一致。如果你通过暗地里使劲而平静地做出努力，那你只是延迟了，也可能增加了你试图避免的担忧和反对。你将要承担相应的后果。

对于暗中变革的努力，在组织发生抵制之前，你是不会知道的。举例来说，在一个专业化服务组织里，会计部在全体决策层的支持下，安装了一个新的系统以追踪外出咨询服务人员及其费用。比起和员工谈论变革并征求意见，这些部门尝试在暗中努力，认为暗中变革没有痛苦，不会被发现。对于暗中变革的真实情景是，挫折和抵制在组织所有部门内都会发生，员工们会疑惑："为何没人跟我商量过""新系统功能比不上老系统""旧的程序被破坏了""你应该使用不同的设计方式"等。

最后，强烈的反对力量压倒一切。在断断续续几个月的新系统试行过后，公司只好选择放弃。

强制变革

第二种形式是领导者采取的强制变革。强制变革是指运用正式的权威和职位的力量去强迫实施变革的过程。当你想在组织之内实施强制变革的时候，你可能会做出以下假设之一：

- 我知道什么最适合组织。

- 没有时间讨论。

- 无论如何，你只会反对我。

- 事实最终会让你信服。

- 组织会以最好的方式回应压力。

在这些假设中都有真实成分，实施强制变革的领导者常常能带来让人印象深刻的结果。Y 时代（指 1974 至 1979 年间出生的人）的人尤其对想要以指令来实施领导或以规条来实施管理的领导者忍耐性很低。

一般的情况是，面对领导者强制实施变革的员工趋向于做出消极攻击行为，或者直接离职。随着商业环境的竞争性愈加激烈，以及 CEO 平均任期的稳步缩短，员工认为他们可以跟强制实施变革的领导者进行消耗战，而且还很有机会赢得胜利。就像暗中变革一样，强制变革方式经常只在短期起到作用。时间一长，你就将遭到员工的抵制和大规模离职。

为何一定要等待失败呢？为了你的修养和能力开始工作吧。变革是困难而痛苦的，但是并没有别的出路可走。请记住，你是在"管理"资源并"领导"别人。不管你在时间、资源和专业上把自己包装得多么完美，没有任何东西能够补偿领导力的缺失和对激励的渴求。

塑造并引导你的企业文化

作为领导者你最重要的事情之一是形成适应力和高绩效的企业文化。如果我进入你的组织里面，我是感觉更加年轻而有活力，还是更加老成而有负担呢？你们的企业文化是鼓励干劲还是官僚主义呢？它是一种只注重自我还是关注大家的文化呢？这些问题你都必须好好考虑。你可以设计出你想要的文化或者默认它的发展，听之任之。

文化对于组织的重要性就像习惯对于个人一样。它是大多数人在大多数时间里思考、判断、所说以及所做的根据。如果人们经常聚集在一起，文化就形成了——不是立刻而是逐渐形成的。这是人际交往的必然结果。每个组织都有一种文化。有些是健康的、普适的、相互支持的，有的却是有害的、顽固的、抵制变化的。问题是，你是否拥有你想要的和需要的文化。

下面是我对于文化的一些定义：

■ 一种个人的思想和行为模式，即"习惯"。

- 一种组织的思想和行为模式，即"规范"。

- 一类组织的规范的集合，即"文化"。

我们过去以为文化是一种剩余范畴，是作为组织的副产品而存在的。这是对的，但是我们没有意识到，它还可以被塑造成适合组织的特有的愿景、使命和策略。我们也没能完全理解，它是怎么成为组织在创造价值的道路上迈进的主要战略资产的。你应该直接强调你的组织文化，并且好好设计它。任其发展的文化是非常危险的。任其发展不加引导，你就有可能品尝到很严重的后果，这会让你压力很大，退缩不前。

当你塑造了一种众望所归的文化时，这种文化实际上就变成了组织软性的操作系统或者叫组织的 DNA，它足以影响组织怎样行动以及在何种水准上实施行动。文化能形成组织的决策模式，引导组织行动，以及影响组织成员的个人行为。你会得到你自己实施设计和持续加强的东西。

在大多数组织里，存在三种文化层级。首先，是制度层面的文化或叫宏观文化——它指整个组织或企业的文化。其次，是制度文化里的亚文化，亚文化具有许多制度文化的共同模式，但它们也有自己的特殊模式。最后，在亚文化里面包含着的微观文化，它们经常与最小组织单元相联系，也就是团队（参见图 6.4）。

微观文化还与它所属的亚文化有共同模式，与更大范畴的宏观文化也是这样。重点是大多数组织里，员工们都喜欢在闲暇时间抱怨组织文化。我们喜欢在组织里互相怜悯、互相哭诉、互相抱怨它的不足与缺陷。这没问题，但是在微观文化层面来说，抱怨是不被允许的。你自己决定微观文化，它属于你的责任范畴，它也能反映你的为人。我们不会抱怨我们所处的微观文化，因为它是由我们自己打造的。我们有责任对它进行建设，并且将它塑造成为我们需要的样式。

图 6.4   文化架构图

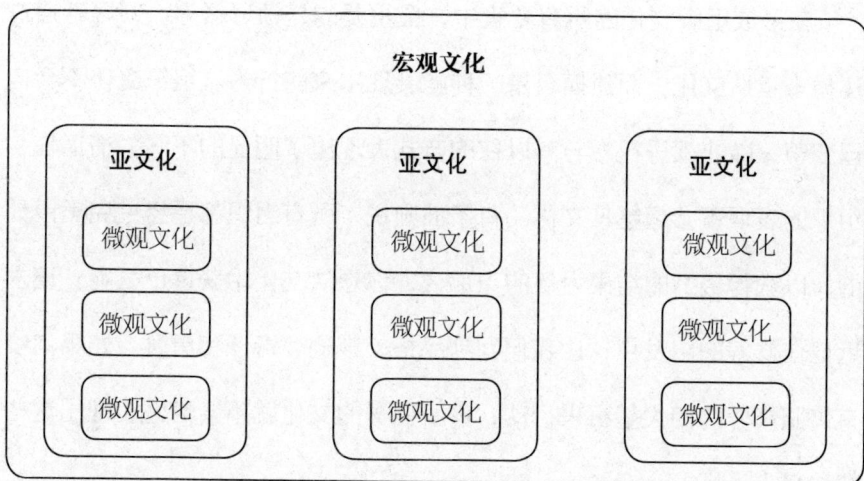

```
┌─────────────────────────────────────────────────────────┐
│                       宏观文化                              │
│  ┌──────────────┐  ┌──────────────┐  ┌──────────────┐     │
│  │    亚文化      │  │    亚文化      │  │    亚文化      │     │
│  │  ┌────────┐  │  │  ┌────────┐  │  │  ┌────────┐  │     │
│  │  │ 微观文化 │  │  │  │ 微观文化 │  │  │  │ 微观文化 │  │     │
│  │  └────────┘  │  │  └────────┘  │  │  └────────┘  │     │
│  │  ┌────────┐  │  │  ┌────────┐  │  │  ┌────────┐  │     │
│  │  │ 微观文化 │  │  │  │ 微观文化 │  │  │  │ 微观文化 │  │     │
│  │  └────────┘  │  │  └────────┘  │  │  └────────┘  │     │
│  │  ┌────────┐  │  │  ┌────────┐  │  │  ┌────────┐  │     │
│  │  │ 微观文化 │  │  │  │ 微观文化 │  │  │  │ 微观文化 │  │     │
│  │  └────────┘  │  │  └────────┘  │  │  └────────┘  │     │
│  └──────────────┘  └──────────────┘  └──────────────┘     │
└─────────────────────────────────────────────────────────┘
```

文化有两种类别：有形的和无形的。有形文化是指我们所看到的行为、符号、传统或者人造物品。随着时间的推移，组织会自然地形成共同的行事方式。我们的互动形成了我们说话和做事的流行规范。但是，文化的外在表现仅仅占据其半。无形文化是指我们的想法、信仰、想象、感觉和价值观。问题是，你自己看不见它，它处于表层之下，这种隐蔽的文化在次序上先于有形文化。人们的行动基于自己的想法、信仰、想象、感觉和价值观。综合而言，有形文化和无形文化代表了组织的全部文化范畴，每个组织都会有其文化形式。

为了变革你的组织文化，首先要找到塑造文化的事物。幸运的是，不管行业或组织怎样，形成文化的六种要素总是一样的。最重要的文化塑造要素与业已形成的、经常交流、教导、衡量、认知以及得到奖赏的事物息息相关。

在形成组织文化的所有要素中，最重要的是领导行为。领导者通过建模来塑造文化，而建模只是一种能展现出来的行为。组织文化不会自己变革，除非领导行为与其以往的方式表现出了明显的不同。请记住，组织的表现不会超越其文化。有条准则说，所有组织都是经过完美设计的，以获得最好的结果为目的。那么，你想从文化中获得什么呢？请永远记住修养的出发点，让我们回到品格、谦逊、责任和勇气。如果你没有仿照修养的四大基石来行动，你所倡导的文化就不会恰好表现出这些特性来。

在组织变革的所有方面，文化变革是最困难的，因为它是根植于人类的思想、信仰和行为中的。你应该期望文化变革的努力时间延续得更长，它还要求你完成比其他组织变革需要的更多的工作，比如组织结构、流程、制度、技术、资产、成本等方面做出调整。为了形成或者变革文化，你必须保持对你想从文化中获得的东西的狂热关注。那很花时间，但是它很值得去做。

变革请充分考虑内外环境

引领你自身和组织变革的另一个关键是了解组织的总体环境。你所任职的部门是一个很大的决定性因素。有些部门相比别的部门来讲，体现出对变革更强的抵制性。如果我们设定一个 5 分制的抵制等级，1 表示最低，5 表示最高，下面就是它所呈现的结果。

抵制等级 5：政府机关。在此抵制等级范畴内，公共部门得分最高。对这些部门而言，糟糕的表现极少威胁到它的生存，因为政府机关倾向于逃避直接责任。他们不依赖于竞争优势，或者利益相关者的满意度来求得生存。他们只需要财政支持。以美国国会为例，它是一个经常陷入瘫痪和无法满足利益相关者需求的组织。不管它的表现如何，它都能得到资助。因此，它得以生存下来。在那些直接责任不存在的地方，抵制变革的情况就相当盛行。

抵制等级 4：公共教育机构。公共教育机构存在于垄断竞争和寡头垄断竞争的世界，它们担负着直接责任，而且在这种机构和市场力量之间存在巨大的缓冲区间。我们的 K-12 系统（指普通教育阶段）急需改革，但是这些"预改革"都会由于系统引发的损耗而宣告流产。

公共高等教育的情况就相对温和一些，但它同样也是传统而固执的堡垒。我曾经与许多高校师生共事过，知道他们大多数人都基于一个信念而行事，认为自己有生存的权利。这就是组织在没有强烈而直接的竞争情况下，提供必要的服务时所发生的事情。我们可以将它再次细分：总而言之，私立教育机构运行得更快，也更富于侵略性，而与它们相对的公共部门则运行较慢，行动更为迟缓。

抵制等级 3：医疗机构。总体上来讲，由于医疗部门承担的直接责任较低，并且对变革高度抵制，他们有着故步自封的历史传统。随着竞争的加剧，这种情况正在发生转变。例如在医院里，我见到更多的关注度和更多的资源集中于控制劳动力成本和非劳动力成本、床位管理、病人满意度维护以及把控资金循环周期之中。我在英格兰学习时，曾在英国国家卫生署工作过。有一次，我需要做个基本的体检。医疗系统有一些优势，但是速度不快。在等了两个多月之后，我最终还是选择了私立医院。

抵制等级 2：非营利组织。在非营利组织与政府、教育、医疗机构之间存在一个基本的区别：非营利机构是靠私人赞助来运行下去的。如果资金枯竭，这些机构也就无法生存。这种情况使得非营利机构更多表现出一些灵活性。它们不会根据成本结构来实施竞争，所以许多非营利机构的运行既缓慢又缺乏效率。如果它们的筹款运作良好，它们就能够存活。资本赞助促使它们直接担负起责任，使它们保持饥渴感，并做出相应行动。

抵制等级 1：商业组织。在私营部门里，责任体现得最直接，也最能持久。每天都会有商业组织的消亡。但即便如此，仍有许多抵制变革的子类行业存在。基础行业趋向于表现为最具抵抗性。工业组织是资本密集型，需要对其进行长期投资。消费品行业时间相对就少些，服务行业更少，而技术行业是最少的。主要原因在于产品发展周期的长短：周期越短，公司的灵活性越高。

举例来说，我工作过的大多数软件公司已经放弃了传统的产品发展周期，转而支持灵活而长效的发展模式。它们的组织节奏和文化，反映了市场运转的速度和新竞争者颠覆性的潜力。

形成新的"肌肉记忆"

组织变革的四个阶段，即 EPIC 四阶段如下：

- 评价（Evaluation）

- 准备（Preparation）

- 执行（Implementation）

- 巩固（Consolidation）

最后一步，即巩固，是指让变革持续下去，通常这是变革过程中最难达成的一步。比如，我曾经服务过很多医院客户，在每所医院里，感染控制都是需要优先考虑的。事实证明，感染是医院内主要的杀手，因为在许多情况下，医院都是传染病及其传播途径的孵化器。病毒可能通过四种途径来传播：从病人到病人，从医生到病人，从病人到医生，从医生到医生。根据美国疾病控制和预防中心（CDC）的估计，美国有 170 万例与医院相关的各类病毒感染情况，每年造成了约 9.9 万人的死亡。

　　为了控制传染病的蔓延，医院制定了严格而详细的消毒、杀菌和接种疫苗的规定和程序。但其中最重要的，竟是最简单的洗手这个环节。CDC证实，防止病原菌传播的最有效措施是有效的洗手。然而，控制感染的最大障碍也是洗手。当面对突如其来的紧急情况、不容反驳的证据以及难以抗拒的动机时，在洗手的问题上，医院会继续与临床工作者们就"是否应该遵从洗手的规定"而进行斗争。人们往往会忘了洗手，可能他们没有时间，也可能是想怕麻烦。

　　为了使事物持续下去，弄清楚变革是如何扎根于组织的是很有用的。变革会逐步渗透进企业文化的土壤之中。在变革开始渗透之前，它会经过三个层级的过渡阶段。如果领导者不能掌控这三个层级，那么变革就很可能流产，人们就会选择不再"洗手"了（参见图6.5）。

　　图6.5　变革的三个层级

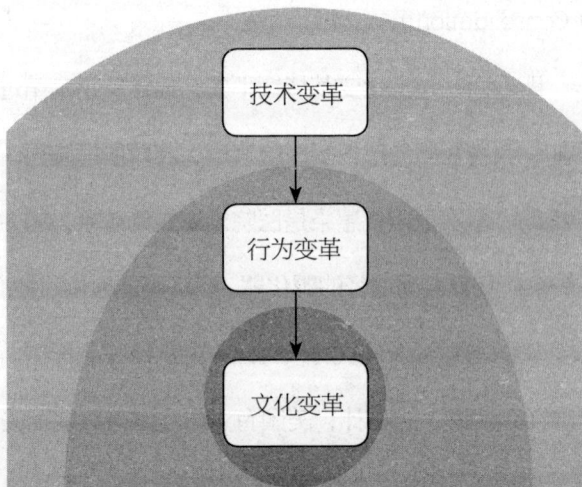

第一级：技术变革。 变革的第一级是在技术层面。它意味着对新情况提供非行为支持。技术系统是一套相互支持的要素，它们保障变革得以在正轨上运行。在这里，"洗手"意味着制定好规定和程序，做好培训、建模、资源、沟通、测量和责任等方面的准备工作。

第二级：行为变革。 第二级是行为层面。行为层的变革表现为，当人们面对新的状况，或者在新的不同的资源保障下，开始以不同的方式来实施行动。这些行动发生在系统范畴内。人们会在该"洗手"的时候以及该"洗手"的地方开始行动。从表面上看，你可能认为变革就在眼下。外在的证据得到了证实，但是这样对吗？别被骗了。人们可能并不喜欢新的行为，也不能完全理解它们。他们可能并不确信新的行为的必要性，甚至还会心生不满。如果你移除变革的新系统，人们就会退回到原来的平均水平，复归旧的行为模式。

第三级：文化变革。 最后一级是文化层面。除非变革扎根于人们的心底，否则它就不会持久。我多次见过行为变革先于思想变革，也先于心灵变革。人们倾向于先于自己的信仰而行动。当组织文化支持变革之时，它才会持续下去。在这里我所说的文化，是指组织内部流行的规范。在所有情况下，文化的变革是最后完成的。它在任何组织中也都是最难变革的要素。因为它会耗费人们很多时间，以使得他们在情感上内化、接受并支持新行为，即便人们已经在理智上和行为上支持它们，也依然会如此。人们需要足够的时间来内化变革，并将之转化为自身行动。他们需要时间从心理上去适应新的现实情况。

国际工业生态学学会执行理事约翰·厄伦菲尔德总结说："归根结底，潜在的文化价值观在决定组织行为方面，总会胜过技术和设计的作用。"[4]

如果你持续做正确的事情，变革最终会变成组织的DNA。它会扎根并内化于组织文化，同时持续产出相应的结果。在持续性结果的推动下，组织会进入一种良性循环，这些结果支撑新的行为，新的行为也支持新结果的发生。随着时间的推移，这种动力会重塑文化，直到组织再也不会重回到旧的模式之中。这样，也就形成了新的"肌肉记忆"了。

本章要点总结

形成"有计划的放弃心态"。

运用七要素来形成更高的适应力：

COG——信心，乐观，感恩；意图；联系；更新；成就；贡献；学习。

不要暗中变革，也不要强制变革。

通过设计来变革文化，而不是听之任之。

完全掌控微观文化。

塑造自己想要的文化。

通过历经三个层级的变革让它持续下去：

■ 第一级：技术变革；

■ 第二级：行为变革；

■ 第三级：文化变革；

先相信，再行动。

CHAPTER7
第七章 卓越判断力能让
你有效避险

一个有魄力的人，也势必是一个受下属爱戴的人。当你能够在激流中找到团队的定位，看到市场发展的趋势，那你就是权威！如何才能进行系统的思考呢？怎样才能让自己的团队发展更加健全和稳定呢？这是一场关乎判断力的战斗，你时机不准、看人有误、亲和不足、过度放权……都会让你陷入被动。你现在要做的，就是提升自己的判断力！

一个决定就是一次判断。从所有选项中确定其一，很难判定它是对是错。最多，也只能确定它"几乎是对的"或"可能是错的"——但更常见的，是要在一种行为的两个方面做个决定，虽然它既没有显得更加正确，也没有更偏向于错误。

——引自《管理：任务、责任、实践》（1993 年版），

作者彼得·德鲁克（1909—2005），

美籍澳大利亚管理咨询师、教育家以及作家。

怎样做出卓越的判断

1952 年，一批声名卓著的科学家聚在麻省理工学院，参加一个后来颇具盛名的"夏季研究组"。当时的背景是，"冷战"中的美苏紧张局势正在升级。最令美国国家安全部专家感到不安的是，莫斯科可能已经具备了发射携带核弹头的远程武装轰炸机，并把它们投向极地区域的能力。作为回应，美国政府委托科学家们就北美地区是否具备经受这种攻击的能力做详细的研究。经过深思熟虑，他们紧急建议政府建立一套远程预警系统——它被称之为"远程预警线"。它设于北极圈内，有世界上最先进的雷达站。

在双边协议的指引下，美国和加拿大两国政府达成武装合作协议，并开始实施该项目。经过不到三年的建设，一条由 63 处雷达站组成的完整防护链，在北极圈以北 200 英里处星罗棋布，从阿拉斯加一直到加拿大的巴芬岛绵延 3000 英里。"远程预警线"代表世界上最先进的探测系统，它是工程学和军事后勤学上的奇迹，也是北美地区防空力量的基石。

而具有讽刺意味的是，这条"远程预警线"从它开始之时就已经过时了。该项目从 1957 年 7 月开始实施，但是次月苏联科学家就改变了游戏规则——他们成功试射了 R7 火箭，即世界上第一种洲际弹道导弹（ICBM）。苏联仅在两年多时间里，就部署好了 ICBM，这使得他们能在自家的地盘上对美国实施核攻击。残酷的现实以惊人的速度极大地打击了美国大肆吹嘘的情报收集新系统，也挫败了美国的远程预警系统。

今日的商业生态系统大大超越了国内市场、直接竞争者及当前客户等的传统界限。领导者需要延伸自己的视野，而且可以确定的是，他们必须依靠判断力来对不确定的情形做出商业决断。但是，有太多的领导者仍然冒着难以忍受的高风险，依靠十分贫乏的数据、道听途说的信息和印象主义的证据来做判断，却对许多容易获得的信息无动于衷。他们所做的决定，和他们所接收到的情报一样，没多大价值。

当我在帮不同组织做战略规划建议时，我会先让它们的领导者回过头去看看他们的情报收集情况。下面这些是你需要考虑的问题：

- 你怎样做市场调查？

- 在审视竞争格局方面，你的程序具有何种系统性或者随意性？

- 你如何识别出预示性的机遇和迫近的风险？

- 你是否具有一个综合性框架，能帮你从可能与组织的竞争地位相关的诸多资源中获取、收集并解释信息？

- 你的战略规划过程是否导致了各种要素错综复杂的相互影响和商业生态系统不确定性的加强呢？

哈佛大学心理学家霍华德·加德纳认为，领导者需要综合思维去看清不同知识片段之间的联系。而面临的挑战是，对于这种他所说的"探照灯式情报"的需要，并没有足够大量的信息来供其过滤、合成和操作。[1]组织顾问和教育家沃伦·贝尼斯和诺尔·迪奇宣称，领导力是"各种选择判断的编年体记录"。[2]

所以，我建议你认真审视一下你收集信息的方式，让你了解到的信息变得具有意义。你的方法是否只是战后时期更稳定的仿制品而已？请记住，劣等的情报只能产出狭隘的思维，做出糟糕的决定。当变革的速度加快，竞争优势所能影响的平均范围就缩小了。领导者必须能够识别出变革的早期迹象，预测市场的变化，计算出可能的损失，并为应对这些情况做好准备。

所有这些都有赖于判断。那么，判断是什么呢？它是指信息、逻辑、价值观和目标的甄选、分类、过滤和联结。它是指通过不同的行动方案来进行思考，考虑先后顺序，最终做出决定（参见图7.1）。

图 7.1　判断的复杂性

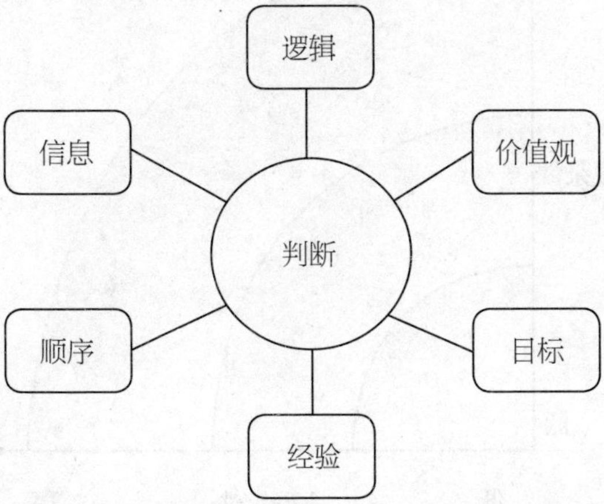

VCTR 分析模型

研究者对于那种能看到事物的所有部分和片段，并能够据此做出决断，尤其是艰难决断的能力，有一个特别的叫法，他们称之为"系统思考"。的确，有些人似乎具有自然天赋，使得他们可以全面看清复杂而动态的系统，能考虑到各组成部分的相互影响，也能想到不同的行动方案。这是判断的主要范畴，但是你也可以通过显著提升自身的能力，来做到这一点。有条基本原则是：更多的复杂性意味着更多的不确定性。如果存在更多的可变动部分，它们就会有更多的方式去相互影响（参见图 7.2）。

图 7.2　系统的复杂性和不确定性

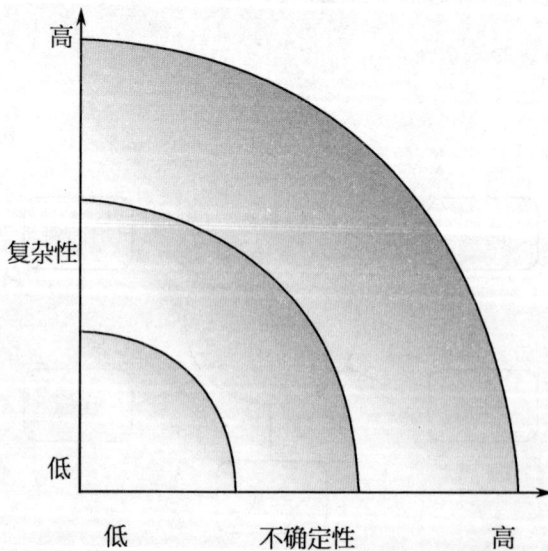

上图说明了当你进入更大的系统之中时，复杂性和不确定性是如何同时增长的。这条原则普遍适用。

不管综合和过滤信息、练习判断以及做出决定多有挑战性，在几乎所有场合下，你都必须遵循四条基本标准。在大多数例子中，良好的判断力是基于同时进行的四种细致的分析，我把这称为 VCTR（读作"victor"）模型：

- 价值（Value）：这种行动方案带来了何种价值？

- 成本（Cost）：这种行动方案的成本是多少？

- 时间（Time）：这种行动方案耗时多久？

- 风险（Risk）：这种行动方案风险如何？

如果你能够一直遵循这些原则，在做几乎所有的决定之前都认真考虑这四条标准，那么随着时间的推移，你肯定能形成更好的判断力。同时，它并不与决断的范围、规模、量级、持续时间或者重要性等相关，对待以下这些问题——我是否该买这辆车？我是否该接受这份工作？我是否该捐款？我是否该读读这本书？我是否该叫这位不高兴的顾客回来或者等明天再说？VCTR 分析模型并不会告诉你该怎么做，它会给你一条清晰的思路去理清自己的思维。

有时候你能得到一些量化数据，有时候不能。请记住，即使你有了数据，即使这些数据指向了答案，你仍然必须做出决定。判断是数据、逻辑、胆识和灵感的结合体，它从来都不易达成，也从没有现成公式可循。问题的关键是，你必须从所有的源头出发来考虑，然后结合每条标准，最后总结出答案来。

机遇、威胁与危机

判断旨在把不明显的东西解释清楚。天使投资人和网景公司前任联合创始人之一的马克·安德森说道："具有突破性的伟大想法一开始看起来都像是不可思议的事情。"[3] 这揭示了一种看待事情的方式，根据适应性挑战的三种类别来判断机遇，威胁和危机。

■ 机遇是一种适应性挑战，它能够为你、为团队或组织提供潜在利益，并且没有潜在坏处。

■ 威胁提供潜在害处而无潜在利好。

■ 危机提供确定无疑的害处。

对于机遇，你必须理解可能存在的新生力量及其影响力。对于威胁，你必须回应即将到来的危险。而对于危机，你就必须直面它已经到来的现实。

机遇有两种类型："远而模糊"型以及"近而清晰"型。远而模糊型机遇是与组织远离的，自然明确性也比较低。它们隐藏了潜在的利益，给领导者做出早期回应带来更大的风险。这种情形下，条件不充分，结果也不确定。我们关注的只是可能性而不是现实。高度不确定性会使得机遇处于很低的市场需求之中。结果是，对于远而模糊型机遇的回应水平，代表着对方不是天才，就是愚蠢。

全球金融危机的部分原因在于各种复杂的金融机构充斥着次级房贷压力

下的债务抵押债券。为什么呢？因为债券似乎代表了一种颇有前景的投资机遇——一种远而模糊型的机遇。在这种特例中，机遇很有诱惑性。虽然不能确定该如何评估和管理这种提升后的风险，但许多很有经验的投资者也会在尚未理解它的工作机制之前就采取了行动。而别的人会把它看作一种规避的信号。

正如经济学家和专业投资者本杰明·格雷厄姆曾经提醒过的："勇于坚守自己的知识和经验。如果你能从实际中得出结论，如果你知道你的判断是正确的，那么你就采取行动——即使别人会犹豫或者反对（因为别人不认同你，所以你既不正确也非错误……）。"[4]

大多数机遇都是远而模糊型的。距离遮蔽了潜在的回报，但是在同样的不确定性之中还是会有些可见性的回报。一旦所有的竞争者都能够同样预见机遇的话，潜在的回报就会降低，甚至全部丧失。举例来说，第一个行动者可能会开发出一个水平较低的新市场，获得相当高的初始回报。但是这种回报会随着竞争者的增多而被稀释。就适应性挑战的这些类别，我来解释一下两种常见的和一种特殊的模式。

线性迁移

有些适应性挑战遵循的模式是：开始时是机遇，然后变成威胁，最后变为危机。举个简单的例子：你的一个队友是一位高效率的项目经理，她能够快速而高质量地完成工作，然后把其余的时间用来上网。你有个机会给她分派一个有挑战性的任务，以此来增加她的贡献。但你却什么都没做。她变得厌倦不安。现在这变成了一种威胁。她开始花两小时去吃午餐，而这影响了士气。但你仍然无动于衷。这样，这位天赋异禀的人竟在不合适的时候离开了公司。你的糟糕的时机选择使你付出了巨大代价。难道拖延是领导力的法定原则吗？当然不是。除非在等待关键信息，不然你就应该在出现让你难堪的状况之前采取行动。

短暂停留

第二种模式涉及的适应性挑战是，一次机遇短暂停留，然后快速消失。然而，有些适应性挑战作为远而模糊型机遇从外延开始，然后继续深入到组织内部；另外一些作为近而清晰型机遇出现，然后一起消失了。这种模式是基于时间选择和背景情况的不重复结合。除非被用来开发竞争优势，不然机遇在短暂停留之后，通常都会永远消失。举例来说，2008 年 2 月，雅虎 CEO 杨致远拒绝了微软对雅虎提出的 475 亿美元的收购报价。[5] 而现在，雅虎被拍卖出售，其核心业务在本书写作时只被估值 20 亿美元，杨致远也不再是 CEO，这种机遇也一去不返了。

突然崩塌

最后，适应性挑战可能作为威胁甚至危机突然出现，而不会有任何预兆。想想肯尼迪遇刺、9·11 事件、卡特里娜飓风、雷曼兄弟的垮台以及恐怖袭击，等等。

做判断时的时机选择

传奇棒球手泰德·威廉姆斯曾经说过："在正确的投掷点等待是打棒球

时最重要的事情。"[6]这条在棒球中的正确原则在现实生活和领导力中也同样正确：明智的移动基于时机的选择，致命的失误也是如此。**请永远记住这条原则：你不想主动去解决的问题，最终会逼迫你被动去解决。**

当领导者做决定时，并不是关于"什么"的问题，而是关于"何时"的问题。时机的选择至关重要，因为它意味着权衡。领导者的角色，就像经济学家和研究者迈克尔·波特所说的那样，是"各种权衡的守护者"[7]。知道该做什么是不够的，决定何时该做同样重要。实际上，时间选择通常是做出正确决定的重要依据，有时甚至是唯一重要的事情。除了决定本身之外，总会存在两种犯错的可能：太早行动或者太晚行动。领导者经常没能在时间选择上权衡好。

继续以前面打棒球的事情来类比，第一件事就是要弄清楚球什么时候会跑到你跟前。领导者有责任对刺激做出反应——或好的，或坏的，或难以知悉的。如果你是一位领导者，想象你自己拿着球棒站在击球位置上的时候。球被一次次地投掷过来，你的职责就是决定何时该击打哪些球。第一步就是确定击球点，它会是一次机遇，一次威胁，还是一次挑战呢？挑战何时来到？什么时候你该挥棒——或者到底该不该挥棒？球速是94英里每小时的高速球，还是74英里每小时的蝴蝶球？

根据球速和飞行路径，它需要你做出权衡，做权衡时你需要考虑以下五种时间选择要素：

- 明确性

- 紧急性

- 反应时间

- 可选方案

- 犯错限度

如果你能更好理解这些维度，你就准备得更加充分，更能在正确的时间做正确的决定。就算你不会百发百中，你也能提升自己的击球水平。

为了评估你对于适应性挑战做出回应的时机选择，请回答以下问题。

你应对适应性挑战的明确性如何？ 当来球离你的球棒越近，你就越能够知道当下是不是你想要的击球点。你是否知道，在不当的地方挥棒并不是打棒球的最大错误？而只是由于挥棒太晚而已。与此类似，领导者有延迟回应或者未能抓住机遇的情况，因为他们不能全然看清机遇，他们也不想处理不确定的事务。延后去处理真实的情况，比提早处理可能真实的情况要来得容易些。

在何种紧急性程度上组织应该做出回应？ 一次投掷的紧急性与它的明确性具有相同的范式。紧急性通常是基于高度的明确性，当一次漂亮的掷球离得越近，你就越急迫想去挥棒击打。与此类似，较低的明确性几乎总是伴随着较低的紧急性。在数次投掷之间不用急着去击打，所以我们可以拍拍鞋子，练习一下挥棒，下一次的投掷又是一次从远处到来的机遇。它也解释了为何先发制人的战略性举措几乎从不是根据当前的现状来决定的。在数次投掷之间该保持何种紧急性呢？它的紧急性程度很低，因为离球飞到击球点还很远。

你有多长时间可以做出反应？当球离得越近，你的反应时间就越短。如果领导者允许球飞得更近些，那他就会承担更高的失败风险。如果击球手犹豫哪怕是几秒时间才开始挥棒，那机会就溜走了。幸运的是，组织生活并不是几秒钟的游戏，但是原则是一样的。拖延是合理的商务准则，你只需确保你是在把它当作优势来用。

有哪些方案可供你选择来做出反应？可选方案也使你能够灵活选择击球点。如果你有时间，你就能够奢侈到可以测试一下多种备选的反应方案。当存在威胁时，可选范围就缩小了，时间也缩短了。最后，当危机出现，领导者会发现他们自己被限制在一种选择之内，因为时间已然耗尽。如果机会用完了，而你站在投球手的位置时，就算你不答应，你的策略方案也所剩无几。如果还剩三次投球但无击球权时，你就可以试试触击球、全垒打或者一次安打。

你的犯错限度是什么？最后，更少的时间也意味着更低的犯错限度。回到机会用完的场景中：你没有更多击球机会了，所以你要好好利用下一次的投球机会，或者说孤注一掷。

如何有效地选人和用人

管理大师吉姆·柯林斯劝告领导者们任用正确的人选，但这已经是老生常谈了。在《旧约》中，我们看到过一个例子，说是有人没有遵从这条忠告，

它写道："亚比米勒雇了些虚浮奸诈之徒来跟随他①。" 8

对于所有的领导者来说，下面这些词语指向了判断的关键领域：综合判断力，天赋，潜力。为什么领导者都容易被一群谄媚之徒所围绕？这样做就像每顿饭都吃夹馅面包一样，它毫无意义。

然而，历史中充满了自我主义的领导者的故事，他们周围聚集了许多一味迎合、阿谀奉承、宠溺骄纵、大献殷勤和奴颜媚骨的侍臣。谄媚的追随者与领导力有什么关系呢？当然没有。令人讨厌的英国君王亨利八世处决了他的顾问托马斯·莫尔爵士。莫尔也许很自负，但他并非微不足道，所以他不能久待。有种诱惑性相对温和些的形式是任用表现普通或低劣的人。你肯定听过，A等人任用A等人，B等人任用C等人。这句话蕴含了许多真理。为什么呢？因为，就像安托万·德·圣·埃克苏佩里在《小王子》里面所写的那样："对于自负的人，其他人都是他的崇拜者。" 9所以，他们只是在寻找自己最大的粉丝而已。

有趣的是，美国历史上最伟大的两位总统都极力任用正确的人，甚至在他们的内阁里经常会出现功能丧失或威胁总统之位的情况。他们都任用了自负但不低微的下属，他们的周围都有能人志士。当然，问题是最有能力的人通常也更加自我，野心勃勃。这些总统们手下的团队有更多取得成功的可能，但也有更高失败的风险。

---

① 亚比米勒，权欲极强，在其父耶路巴力死后，亚比米勒为了篡夺王位，杀死了他的70个同父异母的兄弟而自立为王，只有1个躲起来而幸免于难——译者注。

乔治·华盛顿是以 100% 的得票率当选为总统的——这是一次清晰而无懈可击的委任，任何其他总统都无法享有这种荣耀。在掌权之前，他知道自己需要招募到最优秀的人才。通过回顾历史，你可能会说，亚历山大·汉密尔顿（第一任财政部长）和托马斯·杰斐逊（第一任国务卿）关于国家信誉的激烈争论削弱了为国服务的程度。关于这点，后续也是争论不断的。

我们知道，意志坚定的人比志趣相投的人更倾向于投身其间，积极斗争以提升影响力。这不一定是好事，但是这也比那些一开始就不能做出显著贡献的羞怯之人要好得多。华盛顿深知于此，他也甘愿接受额外的负担，来管理这些自我主义者，给他们裁决争端。这远比一支唯唯诺诺者组成的队伍要好得多。

亚伯拉罕·林肯在 1860 年激烈竞争的总统选举中获得了胜利，他的政敌们——威廉·苏厄德、萨蒙·蔡斯和爱德华·贝茨都感到愤怒不满。他做出了巨大的个人牺牲，邀请这些人进入他的内阁。林肯请来他们，他也知道他们意味着高风险和难伺候，但他们不会让人失望。他们工作时会反对林肯，会否定他，时不时还会挑战他的权威，质疑他的决定和公信力。我并不是说林肯所做的决定都是正确的。他的有些行为，比如说在处理蔡斯反复的辞职威胁时，做法就让人无法忍受。但是最后，他让每个人都做出了可衡量的巨大贡献，这是因为他容忍了他们的不忠，解决了他们的争端。

领导者挑选人才时展现的判断力可以揭示很多问题。约翰·加德纳，林登·约翰逊内阁成员之一，评论判断力时说："最重要的是，判断力包含了对同事（以及对手）的潜力的评估能力。"[10]

如果你恰巧处在选人用人的位置上，而我们将要根据你任用和提拔别人的决定来严格分析你作为领导者的能力时，我们会学到什么呢？尼古拉·马基雅维利，文艺复兴时期的作家和极权政治的倡导者，他写道："评估一位管理者智慧的第一种方法是看看他周围都是一些什么样的人。"[11]你的团队会反映你的判断。

培养人是领导力的真正核心。在某些时刻，我们突然认识到一个不幸的现实，那就是我们不能仅仅通过表达自己的祝福，就能期望事情被执行下去。除非你全力与那些积极进取、有源源不断的动力和竞争力的人一起工作，不然你就不会知道为何给普通人授权是最高级的技能。它是塑造你的地位和未来的关键。当我第一次当管理者时，我组织了一次员工会议，做了一些任务安排，给直接下级分派了一下工作，然后坐下来好好思考自己的宏伟蓝图。下周我们再次相见时，你猜发生了什么？什么也没发生。

开始时，领导者们要对授权原则有一个合适的理解：领导者应该尽可能地授权所有的事情——我是说所有的事情，当然也要谨慎地管理风险。如果别人可以在一个可接受的犯错限度内，在你所提供的指导、资源和职责之下完成工作的话，那就让他去做。如果你认为授权代价很高，那就试试微观管理，这就回到了"谦逊"这个点上。请记住：谦逊是承认你自己的无知和对别人的依赖。没有人是无所不能的。你总会与别人合作，这出于两个目的：获得别人帮忙以及帮助别人成长。如果我们没有授权给别人，通常是因为我们认为自己能够做得更快更好。在短期内那可能是事实，但是长此以往，你必定孤立无援。

授权主要在于两件事：首先，你极大增强了力量，也全面提升了贡献。其次，你加速了别人的成长。你的职责是帮助别人提升并对他们提出要求，而不是娇惯他们。你的方式是帮他们建立信心和提升能力。为了使别人成长的机遇最大化，你要毫不保留，凡事都不用绝对靠自己来做。短期内，它会消耗一定的时间和精力。长期下去，你就会发现周围多了很多更有能力的领导者了。这可能听起来过于激进，但是你也从未使自己脱离对风险的管理和对别人的培养。当你给别人授权时，交给他们所有能力所及的事情，但也仅此而已。他们会逐渐进步，从个人任务到战术性项目，再到战略性成果。

适当的授权意味着在前端开始提供指引、培训、展望和鼓励。它也意味着在末端提供衡量标准和解释说明。授权不是指放弃，你不会走开，也不会停止风险管理。大多数人只喜欢授权的前端部分，因为它有趣味因素存在。我们不喜欢授权的末端，因为有害怕的因素存在——害怕对抗，所以我们经常退缩。

如果你授权了某项任务，但是被授权者没能很好地完成它，那就先去找原因：它是因为技能还是因为意愿而失败？是因为能力问题还是因为动机问题？这两种失败的样式是不同的，也需要做不同的回应。失败是由于故意，疏忽，或者有诚意的努力？如果有人想要失败，他就会故意这么做，那就肯定会有失败的结果。如果有人因疏忽而导致失败，它就仍然是意愿的问题，而不是技能的缺乏，但你需要深入去看，去真正了解其中潜在的原因。最后，如果有人尽管做了有诚意的努力，但还是落得失败的话，那说明他做事的动机仍然还在，你就知道他尽力了。

故意的失败是不可接受的。当你急着做判断之前，一定要分析一下别人的最初反应。如果有人造成故意的失败，并且以否定、谴责或借口来回应的话，你就不能轻易放过。直到人们承认并正视自身的行为时，他才能取得进步。所以在此例中，这一结果的首要目标是培养他们个人的自主性。

因为疏忽而失败通常很难办，因为它经常涉及一种动机和能力相结合的根源性原因。人们经常失败，只是因为他们没有尝试。这种不作为背后的原因是缺乏信心。我的建议是，仔细分析，表现得温和些，不要过于仁慈，并且花时间去鼓励别人，帮他们树立信心。当有人善意努力但仍然失败，这其实是一种胜利，而不是失败。这意味着他们其实是想赢的。他们尽力做到了最好，在某种程度上，努力胜过了其他所有的缘由。如果能够持续保持努力，他们最终会取得令自己满意的结果。

领导力与表现和发展有关——也就是你所做的事情和你留下的人员。当领导者通过微观管理创造出依赖关系，团队成员就会错失全部的成长机遇。当领导者留下很多有能力的领导者作为"遗产"，这些人会借助他的影响力，做出他们的最大贡献。如果一位领导者不会有效授权，他就不会取得进步，他所管理的人就会变得沮丧而无助。领导力取决于对别人授权和为自己解释的原则——即划分任务、分派工作以及让他们对自己的表现做说明的一整套程序。

做个授权型领导者

为了在帮助别人做事和进步时表现出更好的判断力和效率性，请记住两个要素：亲和力和责任心。亲和力是指你培养和维持与别人的良好关系的能力。责任心是指你使别人对你授权给他们的事情负起责任。这两者的组合可能存在四种情况，我们用四象限来代表它们（参见图7.3）。四象限代表了我见过的所有领导者的类型，其中有三种是具有负面效应的，也反映出了领导者的糟糕判断。现在，让我来逐一简要解释一下。

图 7.3　克拉克责任模型

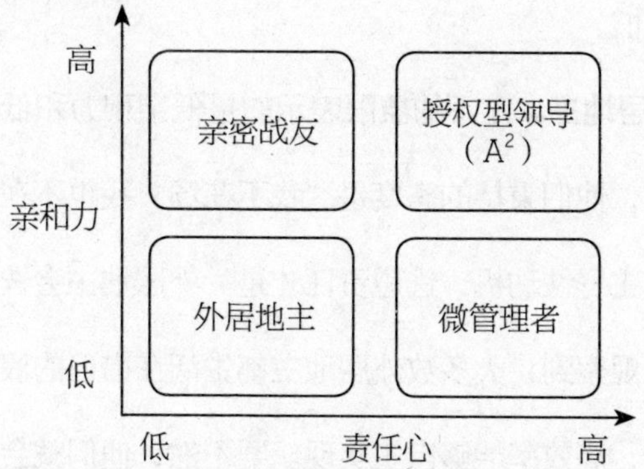

类型1：**亲密战友**。先看一下左上角的象限。亲密战友是指一种能与别人建立良好关系的（高亲和力）领导者，但是不太严格关注他们对工作表现的责任心（低责任心）。我们经常能在销售组织中看到这种类型的领导者，销售管理者与其团队人员关系很好，但是在绩效表现问题上就会有顾虑。在

"亲密战友"这一象限的领导者希望被人喜爱，而在考虑别人的责任之时就会退缩。他们觉得关系比责任重要。他们会错误地认为如果他们计较别人的责任，那会破坏他们的关系。

根据事实情况来评断别人的责任需要管理上的勇气。一位财富 500 强企业的 CEO 曾对我说过："许多领导者在情感上不能成熟而自信地与别人进行成人间理性的交流，他们不会说'从个人方面来讲，我很喜欢你，但是你的表现是不能接受的'。"组织中经常会形成一种"使之看起来体面"的模式来接受他们的员工的糟糕表现。随着时间的推移，这种模式引起了高效率员工的不满。人们开始相信，他们有权利不负责任。他们觉得当自己被要求负责时，对他们是一种冒犯。到最后，我们认识到我们对自己以及那些应该担责的人帮了倒忙。

类型 2：外居地主。左下的象限表示的是低亲和力和低责任心，这种类型属于外居地主，他们秉持的态度是"我不在场，我也不在乎"。实施控制不是外居地主的主导性动机，逃避责任才是。外居地主会选择授权，但是不会继续跟踪。我观察到，大多数外居地主都生活在错误的假想之中，认为组织能够自主运行，高效率能够自主实现。要不然，他们就会什么都不管，直接走人。在外居地主的领导下工作是极其痛苦的，因为对于那些努力苦干的人而言，完全没有任何评断也是最难于忍受的事情。

类型 3：微管理者。接下来是右下象限的微管理者。微管理者是指那些拒绝授权的领导者，他们具有低亲和力和高责任心。从逻辑上来说，当我们实施微管理时，我们并不确信别人能完成工作。但是，如果有人可以的话，为何我们还要对他实行微管理呢？要么我们不相信自身的能力而放弃控制，要么因为过度自我而紧紧控制。在两者的任一情况下，我们都延缓了成长，滋生了依赖性，也明确传达出不自信的信号。

迈克尔·阿伯拉肖夫船长曾任本福尔德号驱逐舰指挥官，他以自己的经历告诫说："领导者应该解放他们的下属，让他们发挥出最佳的天分。然而，大多数限制人们潜力发挥的障碍都是由领导者设置的，障碍也是根植于领导者自身的害怕、自我需要以及低效率的习惯。当领导者深入探索自身的思想和感觉，试图去理解它们之时，领导者自身的转型才算开始。"[12]

类型 4：授权型领导。第四种类型是高亲和力和高责任心的结合，我称之为授权型领导。从我对世界上的领导者的观察来看，大多数高效领导者都符合这种类型。为了提升他们的下属，他们主要做两件事情。

首先，他们会与他们正帮助提升的人建立真正的私人关系。他们抛弃了"保持专业距离"这种传统智慧，因为这种观念是错误的。相反，他们真正了解了他们的下属。他们对下属表现出高度亲和力，建立了很好的关系和友谊之情。在友情之外，他们形成了对工作职责的使命感，也有意愿为了共同发展而进行投资。其次，他们让下属担负起责任。他们期望下属好好表现，下属也会跟随他去这么做。如果过程中遇到挑战，他们会给下属提供帮助。这种高亲和力和高责任心的结合，创造出了指数级的高效率，或者称之为 A^2。

"成功的魔咒"

当你的判断力提升了，你就会从根本上变得更加成功，因为你所做的决定更有可能是正确的。遗憾的是，对立的关系也可能是对的：你越成功，你的判断力越差。我们把这称之为"成功的魔咒"。当你第一次尝试做事就取得成功的时候，是尤其危险的。很有可能你并不理解为什么会这样。你分不清是什么因素让你取得了成功，你可能会把这归结为你的聪明，但这只是太过于一般的假设。在那些第一次尝试就取得了很大成就，但是后续却经常失败的企业家身上，"成功的魔咒"经常发生。

它发生的模式如下：

- 成功导致傲慢；

- 傲慢带来受损的判断力；

- 受损的判断力导致失误；

- 失误带来失败。

沃伦·巴菲特有一次评论道："充裕的钱财是取得良好的投资结果的大敌。"[13] 钱财的充裕一般会造成投资者的过分自大，对于任何领导者而言几乎都是这样。成功具有诱惑性和掩饰作用，它会使你丧失判断力。它会悄悄地使人傲慢、迟钝和故作盲目。成功后，你就开始以一种无根据的乐观来看待你自己和你的事业，而我们的社会也必定帮不了什么忙。

正如麻省理工学院（MIT）的埃德加·沙因教授所说的："我们的文化强调，

领导者必须更聪明，要设定方向、阐述价值观，所有这些使得他们更加偏向于告诉别人怎么做而不是询问别人。"[14] 最后的结果是，你开始不顾别人的警告。这导致了你做出糟糕的判断，糟糕的判断会导致更多的错误。

在 21 世纪高速变化的环境中，成功只能更快地给你带来麻烦。作为一种确凿的证据，它表明你知道自己正在干什么。它诱使我们相信我们可以复制过去的成功。我在很多领导者身上看到过这种情况。而比成功更危险的是持续地成功。成就所持续的时间越长久，自满就越严重，心态越狭隘，对于将来取得成功的信心就越显得毫无根据。

组织心理学家卡尔·维克和凯瑟琳·萨特克里夫敏锐地观察到这条原则："成功使人见解狭隘、态度转变、单纯只以经商来建立信心、因眼前展现出的能力和实践的效率而变得过度自信，并且使得领导者和其他人不能包容反对意见。"[15] 成功使我们更不喜欢反馈，讨厌消极性证据，不关注可供选择的观点。因为我们的自我防卫意识阻挡其间。我认识一些身边有很多能人的领导者，但他们仍然孤立无援。他们的下属在不被欣赏之后，就不再可能会提供建议了。这种情况，你能怎么办？开始自问一下以下这些有针对性的问题吧（参见图表7.4）。

如果你在任何问题上都给自己打 3 分或以下，那就花点时间想想你自己所属的类型，再跟你信任的人谈谈。然后，你就可以问问自己，是否这种类型限制了自己做出良好判断的能力。这样想过之后，你就知道该怎么做了。

图表 7.4　判断力培养的自我测评表

1. 我是否认同自己不喜欢的人也会有有价值的想法？				
①	②	③	④	⑤
2. 我在情感上是否能够超越自身需求，倾听自己的心声？				
①	②	③	④	⑤
3. 我是否鼓励别人按照他们的是非标准来进行讨论？				
①	②	③	④	⑤
4. 当我被别人怀疑时，我是否只是自我防卫？				
①	②	③	④	⑤
5. 我是否像过去那样保持好奇心？				
①	②	③	④	⑤
6. 我是否提过足够多的问题？				
①	②	③	④	⑤
7. 我是否尽力避免讽刺挖苦别人？				
①	②	③	④	⑤
8. 我是否有感谢那些帮助我取得成功的人的习惯？				
①	②	③	④	⑤
9. 我是否尊重那些没有权势和地位的人的观点？				
①	②	③	④	⑤
10. 在别人说话时，我是否愿意闭口不言以求理解他们的意思？				
①	②	③	④	⑤

（注：①代表得1分，②代表得2分，③代表得3分，以此类推。）

本章要点总结

通过两种方式看见大图景：

■ 首先，从整体上看见复杂的、动态的系统

■ 其次，随着时间的推移，看见潜在的尚未明朗的结果

彻底思考不同的行动方案的可能影响。

应用 VCTR 模型来做决定，仔细考虑：价值观，成本，时间，风险。

在三种范畴内想想适应性挑战：机遇，威胁，危机。

那些你不想主动解决的问题，最后会迫使你被动去解决。

根据以下五种因素，想想在时机选择上的内在权衡问题：明确性，紧急性，反应时间，可选方案，犯错限度。

与有天分的意志坚定的人交往，而不是平庸的意志薄弱之人。

通过高亲和力和高责任心的结合来努力提升培养人时的判断力。

不惜任何代价来抵制可能由成功所带来的傲慢和过度自信。

CHAPTER8
第八章　拥有远见你才可以赢得未来

远见关乎未来，一个卓越的领导者也必定是一个有远见的创新者。在风云变幻的时代，如何才能保证你的团队顺应市场的变化，并且能够及时调整团队发展战略？面对来自商界各方面的压力时，你能够从容不迫地应对吗？从这里开始，锻炼自己的远见，挖掘团队的潜力，只有这样，你才能够赢得未来！

别做小的计划，它们没有魔力来激起人们的热血斗志，而且很可能根本不会被注意。

要做大的规划，志存高远，成就大事！

——引自《丹尼尔·H.伯纳姆，建筑师和城市规划师》（1921年版），
丹尼尔·哈德森·伯纳姆（1846—1912），
美国建筑师和城市规划师。

远见就是预见的能力

对于远见，主要是能够预见某些尚未存在的东西，看见别人看不到的事物，以及看见你自己和别人的潜力和可能性。远见是现实的萌芽、对未来的描绘以及鼓舞生命的力量。它能产生精神的、情感的、心灵的和生理的能量，也能助推你步步前进。它既是事情开始的催化剂，也是事物持续的维生素。[1]

远见着眼于未来。即使是你的潜力之中的一种粗糙而迟钝的暗示也能够变得极富于激励性。当你形成了对自己将来会成为什么样的人的想象，这种对未来的内在感受就能够改变你现今的行为。那种在你潜能中的不可明见的印象或精神印迹会促使你前进。领导者会为别人做这些。他们会看到你在自己身上看不到的东西，而且他们会一直保持对你的想象，直到你自己可以看清为止。你的远见会随着你的信心一起到来，因为它们会一起成长。这才是领导者所做的事，他们为你而做，现在你要为其他人而做。

这里有一条推论性原则：远见不单单是指眼界，它是一种背后隐含着强烈责任心的眼界。拥有远见和仅仅有幻想二者之间有着关键的区别。作家詹姆斯·钱皮和尼汀·诺瑞亚声称"大多数幻想都会流产"[2]。事实也的确如此。

它们会流产是因为它们只是无行动支撑的胡思乱想。它们只是想法而已，而我们都知道，想法是一文不值的。成为幻想也意味着放松下来，不想行动。你怎么知道你的想法是远见还是幻想呢？有一个简单的方法可以帮你去发现。首先你要问问自己，我是否想去实现它？这是个简单的问题。现在有个难一点的问题：我是否愿意去实现它？不要回答得太快，先计算一下成本，这是区分远见和幻想的问题所在。我的一个女儿不光想要成为一位伟大的足球运动员，而且还很有意愿努力去实现。当她第一次学会如何颠球时，她会在后院里练习。然后她大汗淋漓地走进来，问我："嘿，老爸！你猜现在我能颠多少下了？"

"多少？"

"16 下！"她说道。

时间一天天过去，有一天她走进房间，边流汗边问："老爸，你猜现在我能颠多少下了？"

"多少？"

"1069 下！"她说道。

想要做事的想法与事情本身只有浅显的联系，但是想要做事的意愿与事情本身却有着紧密的联系。

为了检验你对某件事情的远见，你必须检验你想要让它发生的决心和意愿。这里有个例子说明想要做和愿意做的区别：我的咨询公司针对 60 多个组织的员工，做过一次调查。我们询问他们是否想要升职，大约 50% 的受访者说他们想要。然后我们询问他们是否愿意为了升职而去开发自己的知识和技能，只有25%的人表示愿意这么做。想要什么只是单纯的幻想，每个人都会想要什么东西。当我还是个孩子时，我有两个朋友。一个想做医生，另外一个志愿成为医生，你能猜到今天谁成了医生吗？

远见不仅能够助长你的雄心，还能帮你得到更多。它还能在不幸来临之时，以及生活给你意想不到的教训之时帮你渡过难关。在我们结婚早期，特蕾西和我都在期盼着第一个孩子的降生。当得知我们即将为人父母之时，我们极度兴奋，不知所措。当她孕期七个月后，我失业了。我还记得当时我去银行贷款，以此来支付生孩子的住院费用。

"您是否有物品用来办理抵押贷款？"银行的贷款办事员这么问我。

"是的，我有两箱拉面。"不，我不会真的那样说，但是我确实想这么做。无论如何，我还是说服了银行给我贷了款。我让特蕾西先别生下孩子，等到我找到工作再说。她不同意。孩子还是生下来了，那是无上光荣的时光。

但是恐慌随之而来，时间一天天一周周一月月过去了，我还是没有工作。我变得绝望，然后我儿子也要出生了。当我看着他时，我满怀想象——一种关于他的生活以及我对于照顾他的情形的想象。在那些日子里，我一直坚守这份憧憬，它帮助我对抗沮丧，让我保持奋斗。我们当时的经济状况糟糕透顶，而最终我找到了一份工作，虽然薪水仅仅比最低工资水平高一些。但最后，一切终于走上了正轨。

我不想去回想那些日子，但重要的是要理解，当发达无望时，憧憬能帮助我们生存下去。社会心理学家埃里希·弗洛姆说："不确定性是促使人们发挥出潜在力量的特殊情况。"[3]我觉得他只说对了一半。单单只有不确定性会使你停滞不前。充满了憧憬的不确定性才能够激励你。只有远见才能帮你摆脱危机，推动你走向更光明的明天。

远见来自深刻的自我认知

远见的另一个重要来源是你的自我认同。具体来说，我是指你的作为家庭遗产的代际身份。对于你自己来自何处的感受能够帮你面向未来，人们能够直观上感觉到这些。你能用其他方式解释，随着信息技术的发展，美国谱系学大量盛行的原因吗？祖系研究现在已成为除园艺之外美国第二大最流行的研究爱好，因为它能给予人们智力的、情感的和精神的回报。它能让你因发现自己是谁而感到兴奋。人们天然有一种冲动，想去寻找自身的遗产传承。当他们了解了自己的祖先，他们就能理解自己。对你的来源的想象能够基于你的血统关系，为你提供对未来的可能性的憧憬。[4]

在你能够为别人提供远见之前，你需要保持对自身生活的憧憬。如果你正在为之努力，那我会建议你去挖掘一下你家族的历史，去找出你们从何处而来，从何人而始。当你这么做的时候，也找寻一下你的祖先们在生活中克服挑战和挫折的做法。那些能够揭示你祖先们性格的故事，会对你有所启示，能够帮助你展现自身的性格。而那才是亮点：当我们研究祖先们是如何克服困难时，我们从中借鉴，也看到了过去的自己。我们积累了对于自己的延伸性的总体设想。我们深受激励，去做我们认为不大可能的事情。

我举个例子，我最近看到了一篇关于我爷爷华莱士·克里斯托弗森的三页历史材料，其中有些事情我们从不知道。我有生之年第一次有机会读到他对于他自己生活的描述。

我爷爷六岁起就成了孤儿。他是九个孩子中最小的一个，从小就在不同的大家庭之间流浪。第一次世界大战期间，15 岁的他自称 18 岁，要加入美国军队。战后，他开始打拳击，和当时的重量级世界拳击冠军杰克·邓普西进行了一场比赛。他打得不是很好，但是他说自己对于邓普西在他眼睛上留下的伤疤感到自豪。在大萧条最严重的时期，他跟我奶奶结婚了。爷爷尽一切可能找他能找到的工作，他睡在公园的长椅上，在不同的市镇之间奔波。由于缺乏基本的营养，他们的头两个孩子都流产了。

最后，他战胜了生活中的一切危险和挫折，变成了一个专注于家庭的男人、一个忠实的伙伴和一个愿意服务于所有人的人。总之，他变成了一位领导者。他尝过了所有苦涩，但并没有使自己变得尖酸刻薄。

你认为这些给了我什么感觉？它让我明白了我到底是谁。它给了我力量和决心。如果爷爷能够经历并克服那些困境，那么我还有什么借口呢？我意识到了一个隔代的自己，我能够预想到未来，因为我了解过去。你从何而来能够为你提供远见和达成目标的持续动力。

现在让我们放大视野，来谈谈更大范围的远见。确切地说，我想谈谈史蒂夫·乔布斯故事的真正内涵，因为它对于每个人都有启发意义。让我来关注一下我认为他身上的最具辨识性的特征：远见。我说的是星际远见。它是一种在人类身上并不多见的特质，至少是我们大多数人身上没有的。乔布斯从一开始就怀有这种特质。

"不要被教条所限，"他说道，"不要让其他人观点的噪声淹没了你内心的声音。"[5]具备强烈个性特征的人具备这种独立性质。这个问题事关怎么去做，以及怎么去表达。乔布斯一定影响了很多人，但他只受了别人的一些小影响。他天生是独立的变量——一种起因，而不是一种结果。

乔布斯犯过很多错误。他经常待人很差，也学不会怎样为人服务。我并不把他当作导师、教练或者人道主义者。但他确实具有星际远见，而且他还是个伟大的技术专家。我们需要向他学习。他是一个设计天才，一位魅力非凡的表演者和一个无与伦比的市场营销人员。他具有独到的能辨识顾客偏好和品位的眼光。他是历史上最伟大的远见者之一，而且这点是如此的确凿无疑。1985 年，他被苹果公司裁掉，离开了这家他作为创始人之一而建立的公司。在 11 年之后，他回来了，而他变成一个他自己后来称之为"一个很不一样的人"。但这不仅仅是一次简单的回归，从那天开始，他的人生轨迹超出了人们的想象。在他的第二次苹果生涯里，他发布了 iMac、iPod、iTunes、iPhone 和 iPad。毫不夸张地说，他改变了世界。

乔布斯小时候是个经常让人难堪的孩子——不合群，爱搞破坏又很有好奇心。高中过后，他上了六个月大学就辍学了。他变成一个让人讨厌的嬉皮士，自甘堕落，也不知道自己想要做什么。但是他喜欢技术，然后他四处流浪后回了家，以后的故事你们都知道了。

乔布斯和他的搭档史蒂夫·沃兹尼亚克在乔布斯父母家的车库里创立了苹果公司。就是在这儿，他那毫无羁绊的性格得到了极有意义的表达。他蔑视传统，性格易怒、莽撞、自恋，他富有远见、具有高驱动力和自信心，具有审美直觉，具有创造精致外观和多种功能产品的深刻的情感需求。在所有这些性格特质的共同作用下，他创造出了一系列史无前例的设计精致的产品和平台。

乔布斯过去犯过很多错误。他彻底失败过，但他也变得越来越具有竞争能力。他通过学习、改变，锻炼出了更好的判断力。当他重新回到苹果时，他以令人惊异的远见做事情。他的能力达到了一个全新的层次。从他的失败之中，他练就了自己的品位，也摒弃了不合理的期望。他形成了一种惊人的对于消费者的共鸣和联系。"许多时候，"他说道，"人们并不知道他们想要什么，直到你展示给他们看为止。"[6]他证实了一个理论，那就是"简单"有时候比"复杂"更难以达成。

乔布斯没有展示出传统企业的领导力才能，他是它们的死敌。世界上大多数组织通过渐进式改革而逐渐成长。大多数企业领导者直接回应他们的竞争者，他们会以别人为基准。他们努力在当时环境下寻找略高水平的竞争者作为接下来可以超越的对象，并据此制定可行的行动方案。他们的领导方式是，正面回应行动策略以及对手的对策。想想看，你可曾见过乔布斯在他的竞争对手身上寻找最佳实例的吗？

他是否想到了所有的想法呢？当然不是。而这只是其中的一点。他培养了一种独立思考和行动的文化，因为他自己就有这些性格的种子。我们可能不会都有同样的星际远见，但是我们可以挑战自己，去拓展我们当前的预见能力。

远见与创造力的关系

远见与创造力有什么关系呢？让我来用一个问题来回答：是什么造就了创造力？是想法。那是什么造就了想法呢？是问题。如果你追踪创造力的源头，你最终会发现问题。正是由问题才引出想法，由想法才引出解决方案的。但是对这个因果链我们仍然没有说完。还有两个问题需要了解：谁提出了问题？它会带你指向真实的个人。最后，为什么那个人会提出这个问题？对于最后一个为何的问题，有许多种不同的答案。人们会因各种缘由提出问题——需求、兴趣、好奇、探索、趣味、激情、痛苦、服务、爱意、志向以及竞争力，等等。

先不管这种特殊的动机是什么，它完全是由一位愿意提问也愿意去寻找答案的人发起的。许多人具有创造性，这点我毫不质疑。但是，正如创造性的驱动力对于创造性的天才的重要性一样，具有独立的远见的特质同样重要，甚至可能更加重要。由远见而提问并进行追求也许是最重要的因素。

史蒂夫·乔布斯认为："创造力就是将事物联结起来。当你询问具有创造力的人是如何做事情的，他们会觉得有些负罪感，因为他们并没有真正做什么，而只是看到了一些东西。这些对他们而言，短暂时间后就似乎变得很明显。那是因为他们能够把自身的不同经历联结起来，然后合成新的事物。"[7]当我想到这些论述，我就会问为什么大多数人不去尝试做新的联结。为什么没有更多的人想去独立探索？

　　每年的麦克阿瑟"天才奖"都会授予"那些展示出非凡的创意和献身于创造性事业，而且有显著的自我导向能力的有天分的人"。[8]这是来自麦克阿瑟基金会的官方声明，它阐明了远见和原创力之间的紧密联系。

　　它们之间关系的隐含意义很重要。就是我们应在培养创造力之前就培养独立性，因为独立性是创造力的形成因素。独立性能激发出远见、创造性想法以及行动。换言之，在人们变得具有创造力之前，他们先需要保持独立性，而不是相反。

　　在具有创造力的天才之间可能不会有太多共同点。实际上，我建议你去麦克阿瑟基金会的网站上看看，查阅一下麦克阿瑟"天才奖"的获得者，因为除了他们的独立性和想象力特征外，没有其他相似点。拥有这些天分的人，除了常见的科学家和大学者之外，近些年还包括剧作曲作家、社会学家、舞蹈家、历史学家、摄影师、画家、社团领导人、木偶艺术家以及创业者等。当你看到这些人受采访时，你就能看到他们共同拥有的突出的远见特征。

　　2011年该奖项的获得者之一，彼得·赫斯勒，长期作为记者在中国待了

10年。他掌握了汉语，对中国这个快速发展的社会做了大量的报道。[9] 此后，赫斯勒举家搬到了开罗，在那里他学了阿拉伯语，在中东地区担任《纽约客》的记者。他的独立的远见先发于他的创造力。如果赫斯勒只想规避高风险及损失，或者花大把时间来看电视的话，结果会怎样呢？那他就永远不会离开家园。

作家丹尼斯·舍科简发现："具有创造力的人就是那种与其他人看着同样的东西，但是能看出不同点出来的人。具有创造力的行为能够在平凡的部分里创造出不凡的整体。"[10] 换句话说，具有创造力的人能够看到别人看不到的东西，他们具有想象力。

为何只是赫斯勒能对中国快速发展的城市化图景做出丰富的描述呢？当然了，在中国有成百上千的记者看见了同样的事情。他们看的都一样，但是赫斯勒看到的更多，他挖掘得更深，他的观察和阐释能力更加高超。为什么？因为他更具有自我导向，使他能够专注于中国的语言和文化。他更加独立，因此也更具有创造力和远见。

另外一个麦克阿瑟"天才奖"获得者小罗兰德·弗莱尔，是一位致力于研究美国种族不平等情况的哈佛大学非洲裔美国经济学家，他直截了当地说："我不会让我自己的私人观点阻碍了对于孩子们的帮助。"[11] 那就是一种对于独立性的大胆宣言。

越清晰的愿景越强大

你能否想到一种错综复杂的或令人疑惑的伟大的愿景吗？有大量数据显示，我们不善于明确地表达愿景。许多研究表明，将近 80% 的员工不能准确复述他们所在的组织的愿景。与此不同的是，我们经常把组织愿景误认为是无用的陈词滥调，复杂的方案，虚无的想法，或是模糊的愿望。我们为人们制定清晰愿景的努力也只是徒劳，换来的是怀疑和令人厌恶的自满。为什么这种事情一再发生呢？

原因之一就是我们想要"清晰"的愿景。你必须为此努力工作。作家和商务主管罗伯特·C.汤森德写道："人类是复杂动物。他们只会在压力之下做到简化。"[12] 正是愿景的清晰程度才使得它富有力量，才使你能以更高的标准来激励别人。

我爷爷的想法很简单：克服生活中的困难，成为一个可靠的丈夫、父亲，成为一个诚实的人以及一个有所贡献的市民。正因为这个想法的简单，他充满了力量。一个好的想法就是一部浓缩的代表作品。浓缩而来的清晰程度能够激励人们，使之产生深厚的情感。如果愿景不清晰，人们临时敷衍了事，工作也会矛盾不断。

从具体运作上来看，愿景有三项功能：第一是进行教育的认知功能；第二是进行激励的情感功能；第三是进行协调的组织功能（参见图 8.1）。当我们实现了这三项功能，愿景就变成了终极的规模经济，也通过消除不确定性降低了做决定的单位成本，要不然这种不确定性就需要反反复复地对话沟通。一种有效的愿景能提供大量的答案，能创造出更有效率和更有作用的协调性行动。组织的更新换代、参与度和生产力都能够得到提升。

图 8.1　愿景的作用

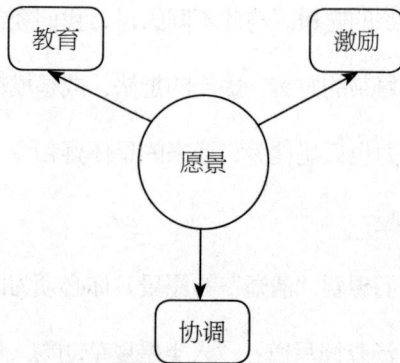

```
        教育            激励


                愿景



            协调
```

对于策略性愿景的两个最大的威胁是它会被改变或者丢失。想象一下可能会使愿景归于失败的掠夺性因素——解释性过滤，文化偏见，竞争假设，非正式网络，沟通的传递以及行政系统的编辑性过滤。这是怎样的一种挑战呢？还有一个障碍就是：领导者的不安。

不安的领导者害怕简单化，所以他们把事情过度复杂化以使它们看起来深奥高端。准则和要求如下所示，而我的建议是，无论你是创业公司还是世界 500 强企业都同样适用：

- 首先，假设自己无知；

- 其次，假设只能口头传递消息。

沟通应该秉承的信念是，没人能够读懂愿景，而且人们可以解决和传递愿景的唯一方式是交谈，而不是钢笔、纸张、互联网、博客、社交网络、经调解的讨论、录像以及播客。除了个人能力之外，没有什么能够记住他或她的信息，并用它和别人面对面交流。

如果你按照这两条假设来行事，信息在组织中间传递时就很可能会保持完好无损，而且能够克服信息处理过程中的损害。如果愿景是清晰的，就不需要 ppt 进行展示，不需要交谈，也不需要营销活动。先把那些工具放下，假装自己不懂，直接把信息传递过来。如果你做不到，那愿景就还没定好，那就把它打回重塑。组织理论家大前研一对策略的论述同样适用于愿景："不能用一个深刻而听起来自然的句子清晰地表述策略，是策略本身有问题的明确标志。" [13]

怎样有效形成并传达你的愿景

让我们记住，领导力就是影响力。同别人一起形成共同憧憬是影响力的一种形式，但是传达那种共同憧憬则是更强烈的影响力形式。"丘吉尔调动了英语语言的力量，并把它用在了战争中。"爱德华·R. 莫罗在 1954 年哥伦比亚广播公司（CBS）的广播中说道。[14] 当然了，很少有领导者像丘吉尔那样会运用文字武器，但那并不是要点。如果你不能很好地交流——如果你不能通过清晰、明确而组织有序的语言来获取要点，那么你就只能大面积撒网，并祈祷自己好运了。

我并不是说，我们都能变成伟大的沟通者，但我们都可以成为表现好的沟通者。具体想想写作吧，美国批评家安布罗斯·比尔斯解释说：

关于写作，存在很多盛行的愚昧观点，普遍的想法是，好的写作来自于自然天赋，如果没有这种天赋，写作的技巧是无法掌握的。对于伟大的写作确实如此，但是好的写作却不是这样。任何有着很好的自然智慧和接受平等教育的人都能够通过学习而写得很好。同样，这种人也能够通过学习而画得很好，台球打得很好，射击成绩很好，等等。但是，要在这些事情方面表现得很伟大就是另外一回事了。如果一个人不能完成伟大工作，那么将其做到很好的程度，并把它视为伟大也是有价值的。[15]

忘掉写作风格这个更高层次，那是后来的事情。我们先来想想如何很好地完成工作。

美国式的沟通，如果有的话，应该是："清晰，直接，开门见山的。"芝加哥大学的英国教授约瑟夫·M.威廉姆斯这么写道。[16]这样的沟通方式听起来毫不费力。清晰的沟通对于看和听都是简单可行的。实际上，能轻松消化清晰的信息表明信息的产生也同样轻松。不过，有效的远见隐藏了它产生过程的艰辛。

在现代社会，很多事情的发生和我们所想的完全不一样。比如说，我们喜欢用大段文字来进行沟通。想想广播简讯或者最多只能打140字的推特。想想打字是怎么变成了简短语言的。当我女儿打字时，她会用一些不完整的句子，以及像TMI（Too Much Information，信息太多了！）之类的缩写词和表情符来表达想法和感觉。这并不算坏事，但是它并没有从本质上帮你很好地沟通。

另外，大众媒体也使我们显得更为安静了。我们变成了肤浅的内容消极消费者。普通美国人每天会花五个小时来看电视，我们大多数人都太忙，以致没有学会有效沟通。[17]

需要特别指出的是，我们的公共学校系统长期不重视英语作文写作。学校标准课程比过去对写作的要求更少。甚至当学生被安排写作文时，老师很少去阅读，更不大可能写大量评语了。我中学时期的作文都是用电脑来批阅评级的。对于文字多的文章它们会给高分，而文字少的则很低。我们是否很好奇？是否电脑算法能替代韦斯特加德先生（我的高中英语老师）和他的指导性手批呢？

良好的沟通是一门学科，也是一门艺术，必须通过练习才能达到。作为小说家、记者和批评家，乔治·奥威尔解释说："现代英语，尤其是写作的英语，在模仿的传递中充满了坏习惯，这些其实都能够避免，只要人们愿意承受必要的麻烦。"[18] 学习良好表达就像试图控制烈马。如果你能驾驭它的力量，它就能为你完成大事。最终，它会回应你的命令，会为你的信号奔跑，按你的要求跳跃。但是如果你没有花时间来训练它，不要期望它能变成温驯的动物。不训练的话，烈马会把你摔下，然后跑走。

对生活所持的愿景，我想说的是：你要自己去形成。你可能具有明确的目标和志向，但我建议你设计出一个对你的生活进行的愿景式叙述，它无关头衔、职位和权威。创造出一个像"我想因为……而被铭记"这样的陈述，它自然会把你带回到对修养、能力和贡献的关注中。

大多数人的生活并没有奇迹，因为他们缺乏远见，或者禁不住诱惑而把目标定得很低，这样在达到目标时就显得很满足。愿景从不会包含任何简单、快速而免费的期望。它也不会只是看你把名字刻在建筑上，显示在聚光灯下或者放在玻璃橱窗里。这些形式的愿景只是自我崇拜的神龛而已。

在我们的内心深处，我们知道我们都有责任将我们发现的东西做得更好。如果我们将自己的生命致力于服务，那么我们的"遗产"将会长期留存。但是如果我们能从过去和自己的经历中学习的话，我们就能变成更好的更强的领导者。就像建筑师丹尼尔·伯纳姆所说的："志当存高远。"[19]

本章要点总结

我们都需要想象力来刺激和保持我们的努力。

幻想是我们想要的东西，愿景是我们愿意为之工作的东西。问问你自己是否愿意为了自己的愿景而工作。

当困境到来，抓紧远见的缰绳。当繁荣无望，而你也必须等待更光明的明天时，它会帮助你生存下去。

回到作为你生活中的远见起源的代际身份中，它会给你力量去战胜困难。

敢于打破常规，创造属于你的星际远见。

你的独立憧憬优先于你的创造力。

简化和压缩你的愿景，直到它足够清晰。

驾驭语言的力量，传达出强大的愿景。

从你的生活中形成远见，保留长久的"遗产"，而不是被"你原本可以

成为你想做的领导者"的这种悔意萦绕心头。

结论　这就是领导力的史诗故事

> 引领世界潮流并不是我们的责任，但是我们可以尽自己所能，在我们所处的时代里做出贡献，以根除我们所知的土地上的罪恶。
>
> 这样一来，我们的后人就有一片净土用来耕耘。
>
> 但他们的境况会怎样，则不是我们所能控制的了。

——引自《国王的回归》（1955 年版），

作者 J. R. R. 托尔金（1892—1973），

英国作家、诗人、哲学家和大学教授。

头衔、职位和权威并不仅仅是附属品，它们还具有欺骗性。从它们自身来看，它们只是毫无意义的被崇拜的客体。作家大卫·佛斯特·华莱士这样描述：

成人的世界里没有无神论，崇拜现象也随处可见。每个人都有崇拜之物，我们唯一可以选择的是崇拜什么……如果你崇尚金钱及财物，而它们也正合你对生活意义的理解的话，那么，你就永远不会得到满足，也永远不会感到满足。这就是真理。崇尚身体之美和性之诱惑，那你就会感到丑陋。当岁月的威力开始显现，而你年龄渐老，千百个和你一样的人会死，尔后你只会悲痛不已。在某种程度上，我们都已然知道这点。它被整理成了神话、谚语、陈词滥调、格言警句、寓言故事，以及重大历史事件的概要，等等。这些全部的轨迹只是为了在日常意识中突出真理。崇尚权力，你最终会感到弱小和害怕，你会需要比别人更大的权力使自己对自身的恐惧麻木。崇尚智力，被别人视为聪慧，你最终会感觉愚蠢，觉得自己像个骗子，总处于被别人发觉的边缘。[1]

我希望我们已解决了经久难消的误解，那就是——头衔、职位和权威能够替代领导力。实际上，它们不能。更重要的是，我希望你的心头涌现一种欲望——为了做成更好的、更有成就感、更有持续性以及更真实的事情。只要你四处看看，你就会注意到用你所取得的成功来追逐这些幻象会使你陷入孤寂。权力和赞誉的诱惑具有欺骗性，甚至让人们为了获得他们而变得疯狂。阿比盖尔·亚当斯曾明智地警告她的丈夫约翰·亚当斯说："如果可以的话，所有人都可能变成暴君。"[2] 我们的社会崇尚头衔、职位和权威，甚至当我们知道这些故事的结局对于那些沉迷其中的人而言很不好的时候，也总是如此。我们最好是通过观察来获得那种教训，而不是参与。

请记住"俄国"小说家列夫·托尔斯泰对拿破仑的评价："天之骄子拿破仑被击败了，他被流放到圣赫勒拿岛，人们突然发现他成了亡命之徒。因为被流放，他远离亲人和他挚爱的法国，在一块岩石上等待死亡，把他伟大的事迹留给了后世。对于欧洲而言，这只引起了一阵反响，之后，所有的王子们又开始糟糕地对待他们的臣民了。"[3]

在他的绝妙而具有讽刺意味的评论中，托尔斯泰给我们展示了普通的人类本性。大多数统治者在掌权期间，都会重新安排他们需要的顶层设计，然后与父辈一样长眠地下。但当其他统治者到来，会再次移除前面的顶层设计，使他们之前的探索变得毫无意义。历史之中对自由无碍的贪婪、放荡不羁的野心和波澜不惊的动机等冗长而虚无的描述掩盖了这个问题：什么是领导力？它证实的观点是，领导力与头衔、职位或者权威有些关系。纵观历史，我们要问："谁是真正的领导者，谁是屈从于小计划的奴隶？"

据《圣经》记载，耶稣远离喧扰的人群，把他的门徒聚集在周围，在一次意义深刻的私下教导时，把领导力的概念压缩成基本原则。他奠定了伟大而令人生畏的真理："但是耶稣把他们叫过来说，你们知道外族人有君主来治理他们，有大臣掌权来管教他们。但在你们中间不可以这样：你们之间谁想为首，谁就必作为你们的佣人。"[4]

他是说，在你的一生之中，你遵守普遍的本能——一种对顶层设计的重新安排和自我满足的模式。罗马人如是做，希伯来人如是做。然后是那条令人深刻的训诫："但在你们之间不可以这样。"为什么呢？因为你们被召唤去完成更伟大的工作，你们被召唤去领导别人。你们被召唤去奉献，而不是去消费；去给予祝福，而不是施加压力。那么如何做到呢？通过修养和能力激发的影响力。运用令人震惊的简练语言，这位拿撒勒木匠（指耶稣）一针见血，而我们关于领导力的所有的超自然的冥想，对于这个简单而不容置疑的事实，并未形成任何影响。

这条巧妙地关于领导力的论述给我们提供了参照——一种可以看见自己的倒影池。它促使我们对我们意图的本质和我们影响力的方式提出诚实的问题。一方面，它日渐凋谢，有许多次我们宁愿选择不看，但它还是满怀希望，因为我们知道领导力是伸手可及的。获得领导力的要求是修养和能力，并没有其他的障碍。

另一个木匠也给我上了同样的一课。我高三的时候，选修了肯·斯宾塞的木工课。在我的结课展示时，我想为妈妈造一个装瓷器的小柜子作为圣诞节礼物。在几个星期的闷干之后，我意识到我是过分热心了。我既没有技能也没有时间去完成这个项目。随着圣诞节的临近，我发现我的进度大大落后了，我很沮丧，我没有什么可给妈妈了。

距离节假日只有几天的时候，我在一个周一的早晨走进工作室，令我惊讶的是，那儿站立着一个完整的装瓷器的小柜子。它看起来很眼熟，但是彰显出专业的技艺。斯宾塞先生，这位我总以为严肃而毫无幽默感的男人，什么也没说。他微笑了一下，然后继续巡视，以他安静而谦逊的方式在学生之间穿梭着。我无言以对。为什么我的老师会这么做？很明显，他是在周末过来帮我完成这个项目的。作为一个不靠谱的挣扎的17岁少年，我从他的善意的举动中感受到了根本性的启迪。

那个行为对我的影响并未随时间的推移而消减。直到现在，那个装瓷器的小柜子仍然站立在妈妈的厨房里，作为真实领导力的持续象征。

知道领导力能够找寻，我们或许会感到快乐。事实上，领导力通常能够在细小、简单而不被注意的行为中找到，这些行为影响别人，使他们做得更好，也变得更好。成为领导者是我们在当今以及今后的时间里需要做的一种选择。[5]

这，就是领导力的史诗故事。

注释及参考

引言

1. 斯宾塞·W. 金博格，《耶稣：完美的领袖》，载于《旗帜》，1979年8月版。

2. C.S. 莱维斯，《战争时期的学习》，载于《荣耀之重》（奥兰多，佛罗里达州：麦克米伦出版社，1980年版），第28页。

3. 托马斯·曼，《魔法山》（纽约：阿尔弗雷德·克诺普夫出版社，1995年版），第181页，首次出版于1924年。

4. 阿尔伯特·班杜拉，《社会学习理论》（纽约：通用学习出版社，1971年版），第22页。

5. 瑞克·柯克兰，《道氏理论如何重新自创》，出自麦肯锡公司，2016年5月版。

6. 沃伦·贝尼斯和博特·纳努斯，《领导者：掌管的策略》（纽约：哈珀商业出版社，1997年版），第207页。

7. 华兹华斯，《乐观战士的性格》，2016年4月25日发表于诗歌基金会。

8. 托马斯·麦考利，英国著名评论家，政治家和历史学家。

9. 丹尼尔·卡内曼，《思考，快与慢》（纽约：法勒施特劳斯和吉鲁出版社），第35页。

10. 理论选择的理论家认为，人们只会由于自利，尤其是经济自利而受到激励。关于此，可参考阿马蒂亚·森的《理性的傻瓜：对经济理论行为基础的批判》，刊于《哲学与公共事务》杂志，第四期，第六卷，1977 年版，第 317-344 页。也可参考埃尔斯特的《合理选择的介绍》（牛津：黑井出版社，1986 年版）。从理论上来说，行动者是基于对结果的客观评价来做出决断，然后选择出最佳的方案来达成目的。问题在于，经济理论不会告诉我们，到底目标应该是怎样的。经济理论未能对道德责任做出解释，所以道德有其存在的必要。

11. 巴巴拉·塔奇曼，《遥远的镜子：灾难般的 14 世纪》（纽约：科诺夫出版社，1978 年版），第 15 页。

12. 西奥多·罗斯福，《共和国公民》（于法国巴黎索邦的演讲，1910 年 4 月 23 日）。

13. 西蒙·雷诺兹，《巴菲特董事长的想法：奥马哈圣人三十年的独特智慧》（纽约：哈珀商业出版社，2011 年版），第 64 页。

14. 托马斯·潘恩，《美国危机》，1776 年 12 月 23 日版。

第一章

1. 参考：国际透明组织"2015 年清廉指数"，于 2016 年 4 月 21 日在网站发布。https://www.transparency.org。

2. 亚里士多德，《政治学》第 3 册。

3. 《2015 年埃德尔曼信任晴雨表执行摘要》。

4. 约翰·达尔文，《泰米兰之后：自1405年以来的帝国全球史》（纽约：布鲁斯伯里出版社），2008年版。参见第一章。

5. 查尔斯·泰勒在他的作品《世俗时代》（马萨诸塞州剑桥：哈佛大学出版社，2007年版）中对于我们如何达到这点给出了绝妙的解释，参见其书第13章，它讽刺性地取其名为"真实时代"。

6. 希梅尔法布，《望向深渊：对文化与社会的不间断思考》（纽约：经典出版社，1995年版），第83页。

7. 亚历西斯·德·托克维尔，《美国的民主》（安佳双日出版社，1969年版），第28页。首次出版于1835年。

8. 查尔斯·狄更斯，《艰难时期》（赫特福德郡：经典出版社，1995年版），第49页。首次发表于1854年。

9. 保罗·约翰逊，《武装的无神论与有神论》，载于《福布斯》，2007年9月21日版。

10. 詹姆斯·威尔逊，《道德感》（纽约：自由出版社，1997年版）。

11. 参见阿尔伯特·Z.卡尔的经典文章《商业在欺骗伦理吗？》，载于《哈佛商业评论》，1968年1月。

12. 乔恩·梅卡姆，《美国福音：上帝，创始人和国家的制造者》（纽约：兰登书屋），2007年版，第405页。

13. 布梅·内尔特，《创造有道德的工作场所》，《人力资源杂志》第4期，2014年4月版，第59页。

14. 维克托·雨果，《悲惨世界》（纽约：利特尔＆布朗出版社，1887年版），第136页。

15. 沃尔特·司各特爵士，《司各特爵士1825—1832年日记选集（选自居住阿博茨福德期间创作原稿）》第1卷，由道格拉斯·大卫编著，（爱丁堡：大卫道格拉斯出版社，1891年版），第819页。

16. 阿尔贝特·施韦泽，《自传：我的生活和思想》（约翰·霍普金斯大学出版社，2009年版），第154页。

17. "如果你知道你不会被抓住，你会在考试中作弊吗？"，来自学生室论坛，于2016年4月21日访问并参考。

18. IBM公司前任CEO路易斯·郭士纳说："我是靠纪律，而不是程序来实施管理的。"路易斯·郭士纳，《谁说大象不能跳舞？》（纽约：哈珀商业出版社，2002年版），第24页。

19. 哈维·曼斯菲尔德，《用你的方式》，载于《华尔街日报》，2006年11月16日版。

20. 佩吉·诺南，《罗纳德·里根》，选自《性格至上》录音带系列，第6期，（西蒙与舒斯特有声公司，1996年版）。

21. 瑞克·柯克兰，《领先于二十一世纪：对丹尼尔·魏思乐的采访》，2012年9月，麦肯锡公司。

22. 约翰·加尔文，《研究所》，第2卷，第2章，第13期（1536年版）。

23. 亚历山大·索尔仁尼琴，《分裂的世界》（马萨诸塞州剑桥：哈佛大学，

1978 年 6 月 8 日演讲）。

24. 艾伦·布鲁姆，《美国思想的结束：高等教育如何破坏民主并侵蚀了当今学生的灵魂》，（纽约：西蒙与舒斯特出版社，2010 年），第 201 页。在这点上，布鲁姆教授的观点是正确的，但是他不承认道德价值观来自普遍的真理。

25. 霍勒斯·格里利，《霍勒斯·格里利自传或是对繁忙生活的回忆：包括杂文和论文》（纽约：EB 出版社，1872 年版），第 143 页。

26. 参考戈登·马里诺，《最新行业陷入困境：伦理公司》，载于《华尔街日报》，2002 年 7 月 30 日版，见 A14。

27. 威尔逊，《道德感》，第 226 页。

28. 迈克尔·刘易斯，《骗子的扑克》（纽约：沃顿诺顿出版社，2010 年版），第 87 页。

29. 佩吉·诺南，《听到，听到》，载于《华尔街日报》，2007 年 9 月 29 日版。

30. 埃利·威塞尔，《夜晚》（纽约：希尔与王出版社，2006 年版），第 118 页。

31. 亨利·梅耶，《火烧眉毛：威廉·劳埃德驻军和废除奴隶制》（纽约：沃顿诺顿出版社，2008 年版），第 631 页。

32. 新闻采访文斯·隆巴迪，1958 年，由布莱恩·特雷西讲述，载于《成功案例》，2011 年 4 月 24 日版。

33. 选自罗伯特·路易斯·史蒂文森,《记忆与肖像》(伦敦:柴图温度出版社,1887年版)的第三章《旧式道德》。这句经常被引用的句子是对史蒂文森的这句话所做的解释,即"书籍是对人们生活适当的补偿:生动展现人类重要性的书籍,把人类生活的主题、乐趣、忙碌、重要性和即时性强加于人们头脑之中;表达欢愉或者英雄秉性的书籍,为人们提供激励与慰藉;大型设计类的书籍,能隐藏我们需要承担后果的游戏的复杂性,尤其是对那些退缩不前的人"。

34. 托马斯·哈代,《远离尘嚣》(纽约:企鹅出版社,2003年版),首次出版于1874年。

35. 劳伦斯·A. 坎宁安,《沃伦·巴菲特的论文:美国企业的教训》(达勒姆:盖 - 卡罗莱纳学术出版社,2015年版),第78页。

36. 鲍勃·莫瑞兹,《美国普华永道的全球主席旨在给千禧儿参与商业的机会》,载于《哈佛商业评论》,2014年11月版,第44页。

37. 公司概述,谷歌网站,2016年4月27日访问。

38. 参见罗素·哈丁,《信仰的街头认识论》,载于《政治与社会》(1993年12月版),第505-529页。

39. 拉尔夫·沃尔多·爱默生,《生命的行为》(特拉华州:创建空间出版社,2016年版),第110页。首次出版于1860年。

第二章

1. 本杰明·富兰克林，《本杰明·富兰克林的自传》（纽约米尼奥拉：多佛出版社，1996 年版）。首次出版于 1791 年。

2. 爱德华·赫斯，《学习或死亡：利用科学构建前沿的学习组织》（纽约：哥伦比亚大学出版社，2015 年版），见第 9 章。

3. 比尔·乔治，《发现你的正确方向》（旧金山：乔西 – 巴斯出版社，2015 年版），第 133 页。

4. 沃伦·伯杰，《一个更有趣的问题：探索的火花突破思想的力量》（纽约：布鲁姆斯伯里出版社，2014 年版），第 6 页。

5. 沃伦·班尼斯，《成为领导者》（纽约：基本书局，2009 年版），第 2 页。

6. 《箴言》15：31-32，英王钦定版《圣经》。

7. 亚当·布莱恩特，《纳瑞得顶级程序员的暗语：这是扑克牌吗，你会怎么玩？》，载于《纽约时报》，2014 年 8 月 16 日版。

8. 沃尔特·罗伊·哈丁，《梭罗百年纪念：大卫·梭罗 100 周年诞辰的纪念文章》（纽约州立大学出版社，1964 年版），第 93 页。

9. 艾莉森·比德尔，《生命的工作：萨尔曼·鲁西迪的采访》，载于《哈佛商业评论》，2015 年 9 月版，第 128 页。

10. 鲁德亚德·吉卜林，《退场赞美诗》，1897 年版。

11. 克里斯·阿基里斯，《高效聪明的人才如何学习》，载于《哈佛商业评论》，1991 年 5 月至 6 月刊。

12. F. 恩兹欧·布舍，《释放休眠的灵魂》，（1996 年 5 月 14 日，杨百翰大学讲话）。

13. 理查德·佛罗里达，《创意阶层的兴起》（纽约：基本书局），2002 年版，第 14 页。

14. 基姆·吉拉德，《从实现目标的需要中恢复过来》，载于《哈佛商学院实用知识》，2011 年 6 月 27 日刊。

15. 戴维·斯达尔·乔旦，《道德干净的力量：追求不劳而获的幸福研究》（波士顿：卡德维尔出版公司，1900 年版），第 43 页。

16. 赫伯特·A. 西蒙，《行政行为》（纽约：自由出版社，1997 年版），第 217 页。

17. 约翰·休伊，杰弗里·科尔文，赫伯·凯勒赫和杰克·韦尔奇，《杰克和草药秀》，载于《财富》，1999 年 1 月 11 日版。

第三章

1. 詹姆斯·托马斯·弗兰克，《华盛顿：不可缺少的人》（纽约：印章书社），1984 年版，第 35 页。

2. 索福克勒斯，《七种英文诗歌》（泽西城：起始出版社，2015 年版）。首次出版于公元前 441 年。

3. 杰弗里·菲福尔，《彼得雷乌斯以及自恋型领导者的兴起》，载于《哈佛商业评论》，2012 年 11 月 12 日版。

4. 罗伯特·恰尔蒂尼，《影响：说服心理学》（纽约：哈勃商业出版社，2006 年版），第 93 页。

5. 莫汉达斯·K. 甘地，《人类皆兄弟》，克里希纳·克里帕拉尼编著（伦敦：A&C 布莱克出版公司，2005 年版），第 106 页。

6. 威尔·杜兰特，阿里尔·杜兰特，《历史教训》（纽约：西蒙和舒斯特出版社，1968 年版），第 35 页。

7. 威廉·麦古恩，《性，谎言和电子邮件》，载于《华尔街日报》，2012 年 11 月 12 日。

8. 同上。

9. 丹尼尔·格罗斯，《CEO 的新游戏规则》，载于《每日野兽》，2012 年 11 月 11 日。

10. 伊利亚·阿德，《拿破仑在意大利：1796—1797》，（伦敦：皮克合伙出版社，1948 年版），第 189 页。

第四章

1. 美国海军陆战队训练司令部基础学校，海军陆战队的基础军官课程，于 2016 年 4 月 23 日访问。

2. 休·尼布理，《领导和经理》，杨百翰大学演讲，1983 年 8 月 19 日。

3. 亚伯拉罕·林肯，《林肯在伊利诺伊州斯普林菲尔德的告别讲话》，1861 年。

4. 卡罗尔·德韦克，《学生动机：什么是有用的，什么是无用的》，载于《教育周》，2006 年 8 月 30 日版。

5. 海军上将海曼·G. 里科弗，《关于人类生活使命的想法》（纽约市演讲，1982 年 5 月 12 日）。

6. T. S. 艾略特，《传输到会场的序言：哈利·寇斯比的诗歌》（波士顿：黑日出版社，1931 年版）。

7. 杰西卡·明茨，《比尔·盖茨含泪告别微软全体员工》，ABS 新闻。

8. 亚当·布莱恩特，《微软新任负责人萨提亚·纳德拉的新角色》，载于《纽约时报》，2014 年 2 月 20 日。

9. 约翰·钱伯斯，《约翰·钱伯斯要把斯科公司打造成一流企业》，2012 年 8 月 23 日刊发。

10. 艾米丽·狄金森，《说出所有真相，但应持偏见态度》。

11. 埃德·克雷，《总军士长乔治·C. 马歇尔，军人和政治家》（纽约：库珀广场出版社，2000 年版），第 88 页。

12. 哈维·沙赫特，《下属急切发声》，载于《全球邮报》，2002 年 3 月 27 日刊。

13. 杰夫·戴尔，哈尔·格雷格森和内森·弗尔，《解码特斯拉的秘密公式》，载于《福布斯》，2015 年 9 月 7 日。

14. 《萨克立顿考察队》，领导者的标记网，于 2016 年 4 月 23 日访问。

15. 《债务》，刊于 Monticello 网站，于 2016 年 4 月 28 日访问。

16. G. K. 切斯特顿，《将所有事情考虑在内》（西雅图：亚马逊电子服务，2012 年版），第 63 页。首次发表于 1908 年。

17. 乔纳森·斯威夫特，《乔纳森·斯威夫特作品集》（纽约：德比与杰克逊出版社，1859 年版），第 22 页。

18. 马克·吐温，《细品马克·吐温：文学传奇中的智慧》，约翰·霍姆斯和凯伦·巴杰编著，（纽约：圣马丁出版社，1998 年版），第 74 页。

19. 罗伯特·布朗宁，《安德烈·德尔·萨尔托》，1855 年版。

第五章

1. 艾德佳·H. 沙因做过相似的论述，参见他的《如何增加组织的学习效率？进入休息室的挑战》，载于《斯隆管理评论》，1993 年 1 月 15 日刊。

2. 肯·拜恩，《最佳大学教师所做的事》（马萨诸塞州剑桥：哈佛大学出版社，2004 年版），第 55 页。

3. 迈克尔·麦金尼，《林肯的教训：投资你自己》，2009 年 2 月 13 日发表。

4. 《麻省理工学院媒体实验室的伊藤穰一对于数字创新与破坏的认识》，载于《BCG 视角》，2016 年 3 月 22 日版。

5. 罗伯特·J. 格罗斯曼，《IBM 的人力资源部门承担着风险》，载于《人力资源杂志》，2007 年 4 月 1 日版。

6. 约翰·希利·布朗，保罗·杜奎德，《信息时代的社会生活》（马萨诸塞州剑桥：哈佛商业评论出版社，2002 年版），第 136 页。

7. 帕特瑞卡·塞勒斯，《星巴克总裁舒尔茨：从狂妄到软弱的转变》，载于《财富》，2008 年 7 月 31 日刊。

8. 托马斯·A. 斯图沃特，《智力资本：组织的新财富》（纽约：德尔出版集团，1999 年版）。

9. 雅各布·摩根，《工作的未来：吸引新人才，打造更好的领导者，创造竞争性组织》（纽约：威立出版社，2014 年版），第 32 页。

10. 查尔斯·艾略特，《生命中源源不竭的满足感》，（哈佛大学讲话，1905 年 10 月 3 日），发表于《麦克鲁尔》杂志，第 26 卷，1906 年刊。

11. 约翰·斯图亚特·米尔，《功利主义》，第 2 章《什么是功利主义》，1863 年。

12. V. S. 奈保尔，《一个作家的人生：寻找和感受的方式》（纽约：艾尔弗雷德·A. 克诺夫出版社，2007 年版），第 17 页。

13. 彼得·加里森、杰拉德·詹姆斯·霍尔顿和西尔万·S. 施韦伯编著，《21 世纪的爱因斯坦：他在科学、艺术和现代文化中的遗产》（普林斯顿大学出版社，2008 年版），第 222 页。

14. 安娅·卡梅涅茨，《比尔·盖茨对教育的看法：我们可以有更大的进步》，载于《高效公司》，2013 年 4 月 15 日刊。

15. 尼克·柯林斯，《诺贝尔奖获得者约翰·格登爵士：学校科学"太愚蠢"》，载于《电报》，2012 年 10 月 8 日刊。

16. 温斯顿·丘吉尔，《胜利的辉煌》，（伦敦市长官邸的演讲，1942 年 11 月 10 日）。

17. K. 安德斯·埃里克森，迈克尔·J. 普里图拉和爱德华·T. 科克里，《专家的生产》，载于《哈佛商业评论》，2007 年 7 月至 8 月。

18. 杰奥夫·科尔文，《天赋没那么重要：是什么造成了一流人才和普通人的差距？》（纽约：加拉帕戈斯出版社，2010 年版），第 89 页。

19. 唐·泰普史考特，安东尼·D. 威廉斯，《维基经济学：大众协作如何改变一切》（纽约：加拉帕戈斯出版社，2008 年版），第 55 页。

第六章

1. 罗伯·诺顿，《思想领袖采访：西尔维亚·纳萨尔》，载于《战略和业务》，2011 年 8 月 23 日刊。

2. 德鲁克研究所，《一个我们不能放弃的主题》，2012 年 1 月 4 日刊。

3. 马丁·E. P. 塞利格曼，《打造韧性》，载于《哈佛商业评论》，2011 年 4 月。

4. 约翰·厄伦菲尔德，《可持续发展之根》，载于《麻省理工学院斯隆管理评论》，第 2 期，2005 年刊，第 23-25 页。

第七章

1. 霍华德·加德纳，《未来应具备的5种思维》（马萨诸塞州剑桥：哈佛商学院出版社，2009年版），见第3章。

2. 诺尔·迪奇，沃伦·贝尼斯，《做出决断》，载于《哈佛商业评论》，2007年10月版。

3. 《安德森关于突破性创意与做勇敢企业家的讲话》（斯坦福商学院研究生院的视频），于2016年4月23日参考。

4. 本杰明·格雷厄姆，《智能投资者：价值投资之书》（纽约：哈珀商业出版社，2005年版），第524页。

5. 戴维·F.加拉赫，布拉德·斯通，《雅虎首席执行官计划下台》，载于《纽约时报》，2008年11月17日刊。

6. 《沃伦·巴菲特与查理·罗斯采访记录》，寻求阿尔法网，2006年7月24日刊。

7. 凯斯·H.哈蒙兹，《迈克尔·波特的重要想法》，载于《高效公司》，2001年2月28日刊。

8. 《士师记》9：4，英王钦定版《圣经》。

9. 埃克苏佩里，《小王子》（纽约：霍顿·米夫林哈考特出版社，2015年版），第22页。

10. 约翰·加德纳，《领导力：属性与背景》，载于《NASSP公报》，

1989 年 2 月。

11. 尼古拉·马基雅维利，《君主论》（纽约：私章书社，1999 年版），首次出版于 1513 年，参见第 22 章。

12. D. 迈克尔·阿伯拉肖夫，《这是你的船：最佳海军船舰的管理技巧》（纽约：大中央出版公司，2012 年版），第 4 页。

13. 劳伦斯·A. 坎宁安编著，《巴菲特论文集：美国企业教训》（达勒姆：卡罗莱纳学术出版社，2015 年版），第 294 页。

14. 埃德加·沙因，《谦卑的询问：询问而不是指使的温柔艺术》（旧金山：贝雷特 - 科勒出版社，2013 年版），第 5 页。

15. 卡尔·维克，凯瑟琳·萨特克里夫，《应急管理：确保复杂时代的高绩效》（旧金山：乔西 - 巴斯出版社，2001 年版），第 55 页。

第八章

1. 我喜欢彼得·M. 圣吉的论述："真正有创造力的人会使用想象力和当前现实的差异来激发变革。"《五项修炼：学习型组织的艺术与实践》，（纽约：双日出版社，1990 年版），第 153 页。

2. 詹姆斯·钱皮和尼汀·诺瑞亚，《野心之症：界定领导力之旅》（纽约：基本书局，2001 年版），第 29 页。

3. 埃里希·弗洛姆，《为自己而活：伦理心理学的调查研究》（纽约：霍尔特平装书，1990 年版），见第 3 章。

4. 布鲁斯·费勒，《让我们紧密关联的故事》，载于《纽约时报》，2013 年 3 月 15 日刊。

5. 史蒂夫·乔布斯，《你要寻找自己热爱的东西》，（斯坦福大学演讲，2005 年 6 月 12 日）。

6. 安迪·赖因哈特，《史蒂夫·乔布斯：理性回归》，载于《商业周刊》，1998 年 5 月 25 日刊。

7. 加里·沃尔夫，《史蒂夫·乔布斯，下一个不可思议的大事件》，刊于《有线新闻》，1996 年 2 月 1 日。

8. 《关于麦克阿瑟研究员计划》，麦克阿瑟基金会。

9. 麦克阿瑟研究员计划：彼得·赫斯勒，麦克阿瑟基金会，2011 年 9 月 20 日。

10. 丹尼斯·舍科简，《罕见的天才：伟大想法是怎么诞生的》（纽约：企鹅出版集团，1990 年版），第 17 页。

11. 麦克阿瑟研究员计划：小罗兰德·弗莱尔，麦克阿瑟基金会，2011 年 9 月 20 日。

12. 罗伯特·C. 汤森德，《组织结构：如何阻止公司压榨人民和争抢利润》（旧金山：乔西－巴斯出版社，2007 年版），第 132 页。

13. 大前研一，《战略家的思想：日本商业的艺术》（纽约：麦格劳－希尔集团，1991 年版），第 253 页。

14. 乔治·R. 高索斯，格鲁吉亚·琼斯·索伦森，詹姆斯·麦格雷戈·伯恩斯编著，《领导力百科全书：A-E》第 1 期。（加州千橡树：贤明出版社），第 185 页。

15. 安布罗斯·比尔斯，《安布罗斯·比尔斯的作品集》（纽约：尼尔出版社，1911 年版），第 75 页。

16. 约瑟夫·M. 威廉姆斯，《简约优雅的风格》（芝加哥：芝加哥大学出版社，1995 年版），第 9 页。

17. 大卫·辛克利，"报告显示，美国人平均每天看 5 个小时的电视"。载于《纽约每日新闻报》，2014 年 3 月 5 日刊。

18. 乔治·奥威尔，《政治与英语》，首次刊登于《地平线杂志》（伦敦，1946 年 4 月）。

19. 查尔斯·摩尔，《建筑师丹尼尔·伯纳姆，城市的规划者》第 2 期，（查尔斯顿：纳布出版社，2010 年版），第 147 页。首次出版于 1921 年。

结论

1. 大卫·佛斯特·华莱士，《什么是水？》（俄亥俄州冈比尔肯尼亚学院的演讲，2005 年）。

2. 阿比盖尔·亚当斯和约翰·亚当斯，1776 年 3 月 31 日。

3. 列夫·托尔斯泰，《战争与和平》（纽约：企鹅出版社，2009 年版），后记第 2 部分，首次出版于 1869 年。

4. 《马太福音》20：25-26，英王钦定版《圣经》。

5. 雷茵霍尔德·尼布尔，《光之子与黑暗之子：维护民主的正确性和对传统防卫的批判》（纽约：天主教光启出版社，1944年版），第19页。

鸣　谢

感谢如下审阅者：詹姆斯·霍尔特、詹·尼克森、杰弗里·库里克和布莱恩·罗德里格斯——感谢他们考验我对直率的容忍度，感谢他们深刻的洞察力并帮助我更清晰地看到自身的弱点。对于史蒂夫·皮尔桑蒂、吉万·斯瓦苏伯拉马尼亚姆、尼尔·梅内特以及整个博瑞特·科勒出版公司团队人员，我表示深深的感激，他们承担了本书的大量工作，我们也得以发展了真正的伙伴关系。我还要感谢伊丽莎白·冯·拉迪奇在文字编辑工作中的技巧和判断力，以及加里·帕梅特对本书的装帧设计。在家庭方面，我要谢谢我的三个儿子（实验组）及三个女儿（控制组），家庭确实是最棒的领导力实验室。最后，我还要感谢我的妻子，我的知己，最值得信任的顾问以及忠诚的伴侣特蕾西，谢谢你的爱，你的智慧，以及你的指引。

关于作者

蒂莫西·R. 克拉克（Timothy R. Clark），"领导因素"公司创始人及CEO。领导因素是一家咨询和培训公司，致力于领导力提升，变革管理以及战略敏捷性研究。他还是BlueEQ，一家情感智能测评和培训公司的联合创始人之一。

克拉克被认为是全球领导力、大规模变革以及战略敏捷性研究领域的权威。他致力于对全世界范围内的领导力团队进行建议、培训以及指导。克拉克发表过3本专著以及100多篇论文。他当过两次企业CEO，在杨百翰大学期间还入选过全美美式足球第一阵容。克拉克在牛津大学获得社会科学和政治学博士学位。他和妻子特蕾西（Tracey）共育有三子三女。

附　录

博瑞特·科勒出版公司

博瑞特·科勒是一家独立出版公司，致力于一项宏伟的使命：联结人与观点，创造适宜一切事物生存的世界。

我们相信，为了创造出更好的世界，所有层面上的行动都是需要的——个人的、组织的和社会的。在个人层面上，我们的出版社旨在帮助人们联结他们的生活、价值观，以及他们的志向，去创造一个更好的世界。在组织层面上，我们旨在促进进步的领导力传播和管理实践，提升商业机构的社会责任感，打造人道而有效的组织。在社会层面上，我们旨在提升社会和经济上的正义、共享繁荣、可持续性，以及国家和全球议题的全新解决方式。

我们出版社弘扬的主题是"开放新的空间"。博瑞特·科勒崇尚的主题有：挑战传统思维、介绍新型观点，以及促进积极变革。这些主题的共同追求是改变潜在的信仰、心态、惯例和结构，它们持续产生同样的效应，不论谁是我们的领导者，不管我们承接了什么样的发展方式。

我们努力将我们所宣扬的东西付诸实践——我们使我们的出版理念与我们所出版书籍中的理念一致。我们所采用的方法的核心是坚守职责，我们把它定义为管理公司方面深深的责任感，保障我们的所有股东和集体的利益：

包括作者、客户、员工、投资者、服务提供者以及我们周围的团体和环境。

我们对成千上万的读者、作者和把自己视为"BK 团体"的一部分的公司其他朋友怀有感激之情。我们也希望，你们能够加入我们，为了共同的使命而奋斗。

致亲爱的读者:

感谢您拿起这本书，加入到我们博瑞特·科勒的全球读者群体之中。我们致力于分享能够带来人们生活、组织和社会的积极变革的观点。

为了表示欢迎，我们为您提供一本免费的电子书。您可以从我们的 12 种畅销书之中寻找促销优惠码 BK92E，登录网址：http://www.bkconnection. com/welcome.

当您获取了免费电子书，我们还会给您发送一份电子邮件——《BK 公报》。虽然您可以免费退订，但是将其保留下来您会有诸多收益。在我们电子邮件的每条小标题下，您都能找到：

- 一本免费电子书；

- 著名作者的寄语；

- 公众关注类目的折扣情况；

- 有趣的内部新闻；

- 回答小问题赢取奖品的机会。

最好的是，我们的读者告诉我们："你们的新闻通讯是我唯一真正读过的东西。"所以，请收下您的礼物，并请保持联系！

谨致问候

夏洛特·阿什洛克

BK 网站主管